IKIGAI
aquello por lo que vale la pena vivir

Selene Calloni Williams
Noburu Okuda Dō

IKIGAI
aquello por lo que vale la pena vivir

Cómo descubrir lo que debes hacer, y hacerlo con decisión

EDICIONES OBELISCO

Colección Espiritualidad y Vida interior
IKIGAI AQUELLO POR LO QUE VALE LA PENA VIVIR
Selene Calloni Williams y *Noburu Okuda Dō*

1.ª edición: marzo de 2021
2.ª edición: mayo de 2021

Título original: *Ikigai, ciò per cui vale la pena vivere*

Traducción: *Manuel Manzano*
Maquetación: *Isabel Also*
Corrección: *TsEdi, Teleservicios Editoriales, S. L.*
Diseño de cubierta: *TsEdi, Teleservicios Editoriales, S. L.*

Edita: Ediciones Obelisco, S. L.
Collita, 23-25. Pol. Ind. Molí de la Bastida
08191 Rubí - Barcelona - España
Tel. 93 309 85 25
E-mail: info@edicionesobelisco.com

ISBN: 978-84-9111-692-9
Depósito Legal: B-4.638-2021

Impreso en los talleres gráficos de Romanyà/Valls S. A.
Verdaguer, 1 - 08786 Capellades - Barcelona

Printed in Spain

Tres grandes fuerzas impulsoras hacia lo que vale la pena vivir

Si quieres algo que no tienes, debes hacer algo que nunca has hecho antes.

De todas las cosas que nunca has hecho, la más efectiva es adoptar una nueva forma de pensar, ver el mundo como nunca lo habías visto antes y pensar de una manera como nunca antes habías pensado. ¿Qué tienen en común los antiguos, los primitivos, los esenios, los psicólogos de lo profundo, los chamanes y los japoneses extremadamente longevos que viven en la isla de Okinawa? Un método de pensamiento diferente al generalmente adoptado en la llamada «civilización moderna».

Explorar una forma diferente de pensar es como hacer un viaje a un planeta desconocido: es extremadamente enriquecedor.

Necesitas un medio de transporte rápido y seguro: este libro será tu vehículo.

Es inútil demorarse y perder el tiempo. Comencemos a la máxima velocidad, observando los principales eventos de tu vida, viéndolos como *daimones*, dirían los antiguos; como espíritus, dirían los animistas; como almas, dirían los esenios; como arquetipos o imágenes, dirían los psicólogos profundos;

como *utcha u ongod*, dirían los chamanes siberianos; como *kami*, dirían los sintoístas japoneses de la isla de Okinawa, entre los cuales está el récord mundial de longevidad.

Todos los espíritus, es decir, los eventos de tu vida, están fuertemente interconectados entre sí, son uno en multiplicidad y multiplicidad en uno. Puedes sentir esto como divinidad y, si eres religioso, puedes describirlo con los términos de tu religión. El viaje es para todos, tiene que ver con un sentimiento espiritual que es universal y encaja perfectamente en cada confesión religiosa y también en ninguna.

Tu cuerpo es un evento, una «entidad», un «ente», un «espíritu» que está inseparablemente entrelazado con tu destino, tu profesión, tu cultura, tu pueblo, tu linaje y con muchos otros *kami* (espíritus y deidades masculinas en el sintoísmo) y *megami* (espíritus y deidades femeninas).

Para viajar debes tener fuerzas impulsoras. Lo primero es pasar del verbo «tener» al verbo «ser»: así, tu nacimiento, tu infancia y su recuerdo, tu niño interior, tu familia, tu profesión, el lugar donde vives no tienen un alma, pero son un alma, un alma que no tienes, sino un alma que eres.

Los verbos como «tener», «querer» y «poder» aparecen cuando el verbo «ser» se debilita. El viaje que has empezado te lleva a casa, al recuerdo de quién eres.

Ikigai es la manifestación, la realización de quién eres. Siempre ha estado contigo, es un *daimon* que te acompaña desde el momento de tu concepción, es tu razón de vivir.

Ikigai se representa con la expresión «aquello que hace que te levantes de la cama feliz por la mañana», y está formado por la unión de dos palabras: *iki*, que significa «vida», y *gai*, «aquello que vale la pena». Ikigai se refiere a aquello por lo que vale la pena vivir, y puede ser asimilado por el término utilizado por los antiguos griegos para definir la felicidad: *eudaimonia*. La palabra *eudaimonia* significa estar en compañía de un demonio bueno, un espíritu guía bueno, por lo que para los antiguos, *eudaimonia* era sinónimo de felicidad.

Para Sócrates, la felicidad era la plena realización de la propia misión, del propio objetivo en la vida. Este objetivo fue visto precisamente como un *agathos daimon*, es decir, un «demonio bueno».

Según James Hillman, padre de la psicología arquetípica, es una especie de ángel guardián que nos apoya para recordarnos nuestro objetivo en la vida, una meta que se manifiesta incluso antes de nuestra concepción y que es una de las razones fundamentales por las que se nos trajo a este mundo, pero que al entrar en el útero, la hemos olvidado y debemos recordar.

La segunda fuerza impulsora principal de nuestro viaje es pasar de la visión consecuente a la holográfica.

Los eventos, que son entidades, espíritus, *daimones*, almas, *kami* y *megami*, no ocurren los unos en consecuencia de los otros en un tiempo lineal, sino que los unos están dentro de los otros y todos son simultáneos.

La misión de nuestra alma está en cada pequeño evento de nuestra vida.

Así, la tercera gran fuerza impulsora de nuestro viaje será poner atención en las cosas pequeñas, porque en ellas se reflejan las cosas grandes.

Los dos flujos del ikigai

El verbo «tener» te obliga a medir eventos sobre la base de adquisiciones y pérdidas; el verbo «ser» abre las puertas a las posibilidades. Esto sucede en todas las áreas de la vida.

Por ejemplo, en el sector financiero hay tres leyes que rigen el crecimiento económico en la vida de una persona: la primera se refiere a la necesidad de crecimiento; la segunda se refiere a la capacidad de crecer; la tercera se refiere a la capacidad de ser reemplazado y permitir que otros trabajen para ti en tu lugar.

A veces, la posesión de algo puede limitar la necesidad, mientras que una pérdida, tal vez experimentada como injusta, puede alimentar la necesidad, creando enormes posibilidades.

La historia de las empresas económicas está llena de figuras de empresarios que, después de perder su puesto, se han reconstruido con mayor fuerza y profundidad; o incluso inversores que se enriquecieron después de las primeras quiebras, y también gracias a ellas. En tales casos, no es necesario hablar en términos de «haber aprendido una lección»: éste sería un discurso moralista falso; más bien se podría decir que recibieron la fuerza de su propio *daimon*, que los llevó a recorrer el inframundo para permitirles adquirir instrumentos que antes no tenían.

La existencia es posibilidad, voluntad, amor. «Ser» significa desear y crear posibilidades. La existencia nunca es una adquisición, una posesión; más bien es un devenir incesante en el que la única constante es el cambio.

Ikigai se refiere a ser, no a tener.

Todas las posibilidades de tu existencia ya están en ti, sólo tienes que descubrirlas; el devenir no sucede con el tiempo, es el descubrimiento de quiénes somos. Ser es una cuestión de saber quiénes somos, de autoconocimiento, un conocimiento del corazón. Nos convertimos en lo que somos en la medida en que amamos lo que somos. La vida es un símbolo, una metáfora. La necesidad de lograr altos resultados en cualquier campo está relacionada con la fuerza con la que nos amamos a nosotros mismos y amamos a la vida. Lo que queremos lograr es la plenitud del ser. En este camino, nuestro *daimon* a veces nos quita algo para permitirnos aspirar, querer y amar aún más.

No hay nada malo en querer tu crecimiento en todos los niveles y perseguirlo con todas tus fuerzas. Los caminos espirituales a veces descuidan, por no decir mortifican, la dimensión del crecimiento social, especialmente el crecimiento económico, considerándolo un asunto mundano que no beneficia al alma. Es un grave error que deja que el mundo y el poder del dinero se estanquen. Este error retrasa el crecimiento y crea desigualdad social. Las batallas espirituales también deben librarse en el llamado plano «material», porque, en realidad, este plano no es material en absoluto, sino simbólico y metafórico. El dinero es una energía que debe pasar abundantemente a las manos de aquellos que no pueden acumularlo, retenerlo, detenerlo por miedo, pero saben cómo hacerlo fluir en beneficio del crecimiento de todos. Cualquier persona con una inclinación espiritual auténtica debería pensar en esto.

Ikigai también se refiere a la capacidad de vivir en el flujo de la abundancia, del mismo modo que para los antiguos la *eudaimonia* significaba, entre los diversos aspectos de la felicidad, ser financieramente libres y acomodados.

El ikigai tiene dos corrientes:

- El llamado «flujo de la atención concentrada y del placer en lo que se hace» porque concierne a nuestra principal pasión.
- El «flujo de la abundancia», que no sólo concierne al dinero, sino también a la creatividad, a las relaciones, a las amistades y al amor.

El significado

Ikigai, es decir, «aquello por lo que despertarse por la mañana», debe ser un lema que ilumine tus días con alegría y te permita dormir tranquilamente por las noches para disfrutar de jornadas fructíferas y de un sueño profundo: eso es tu ikigai.

Sin embargo, el ikigai no puede ser captado por la mente, no es un concepto. No obstante, puedes intensificar su presencia en tu vida y ajustar tus comportamientos y energías a él. En otras palabras, uno puede convertirse en el mismo ikigai, uno puede ser el propio ikigai, respirarlo, vivirlo, encarnarlo, pero no captarlo con la mente como si fuera una teoría, un concepto o un pensamiento.

Cada uno de nosotros tiene una misión en este mundo, cada uno tiene una tarea. Esta tarea siempre implica dejar una huella, un recuerdo de amor del propio paso y manifestar la belleza, que, en la naturaleza, es la expresión del amor que une todas las cosas.

La belleza es ser uno mismo hasta el final, es entregarse a la misión con total dedicación, amar tanto lo que uno hace que no puede haber distracciones: estar en el flujo de la acción con plena concentración y presencia mental.

El psicólogo Mihaly Csikszentmihalyi, en su libro *La corrente della vita*, definió este estado de concentración en la acción del flujo: es un ser completamente inmerso en una actividad con un sentido de intensa pasión y alegría. Es lo que te sucede cuando haces lo que debes hacer.

Haz lo que debes: las cuatro etapas de la transformación alquímica

Para lograr tus objetivos, debes disolver el miedo profundo, resolviendo el engaño que lo alimenta.

Se trata de un recorrido por fases de intensidad cada vez mayor, que apoya una transformación alquímica definible en cuatro etapas:

1. *La condición de víctima.* El individuo piensa «sólo me pasa a mí»; está en una relación de victimización con los eventos.
2. *La condición de aprendiz.* El individuo tiene la impresión de que los eventos están sucediendo debido a su capacidad de hacerlos realidad. Concede gran importancia a su poder de exhibición y fuerza de voluntad. Todavía está influenciado por los valores del mundo.
3. *La condición de vehículo o mago.* El individuo ha entendido que los eventos no son sucesos mecanicistas, sino «entes», «entidades», «espíritus», así que se pone a disposición para convertirse en el canal del devenir. Lo que marca la diferencia ya no es el coeficiente intelectual, si-

no el cociente de apertura. El individuo logra los objetivos en ausencia de esfuerzo y se trata siempre de objetivos libres, no influenciados por la hipnosis social y en armonía con la voluntad cósmica. En este nivel, el individuo se inspira, ve y es guiado. Hace lo que debe hacer. De hecho, lo que quiere y lo que debe coinciden en este nivel. Está en la *eudaimonia*. La palabra *eudaimonia* significa estar en compañía de un demonio bueno, de un espíritu guía bueno; para los antiguos, *eudaimonia* era sinónimo de felicidad.

4. *La condición de no dualidad*. Éste es el estado en el que la muerte y la vida se unen en un solo acto de conciencia libre que ve la muerte y la vida como dos dimensiones distintas pero no separadas, en las que el miedo se supera, el sufrimiento se corta de raíz, y la libertad y la iluminación son alcanzadas.

El nivel tres corresponde al objetivo de la autorrealización en el mundo. En este nivel, el individuo se comporta de acuerdo con las leyes de la armonía universal y de la belleza. Es en este nivel, de hecho, donde uno está en *eudaimonia*, en compañía de un demonio bueno, de un espíritu guía bueno.

El *daimon* bueno manifiesta belleza, sugiere acciones hermosas, porque la belleza es la forma en que lo bueno, entendido como amor y compasión, se manifiesta en el mundo sensible. Así era en la antigua Grecia, en el pensamiento de Platón, así es en la filosofía japonesa del ikigai. Obviamente, aquí nos referimos a la verdadera belleza, no a la establecida por los cánones sociales, sino la que propone la naturaleza, que se expresa como *pathos*: lo bello es aquello que sabe emocionar.

Y es precisamente en la estética japonesa donde podemos encontrar ayuda para presentar nuestro ikigai.

Para los japoneses, de hecho, el ikigai es un espíritu, como lo fue el *daimon* para los griegos. Este espíritu se revela en la belleza, habla en la armonía, no es posible escuchar su voz en desorden. La deshonestidad, la ilegalidad, la inmoralidad, todo lo que no está en armonía con las leyes humanas y cósmicas se aleja del ikigai. Ikigai es hacer lo correcto en un nivel muy profundo; aquello que es justo es aquello que es bello, aquello que está en armonía y no crea sufrimiento.

Durante mis estadías en los monasterios budistas del monte Koyasan, en Japón, aprendí de forma clara cómo la justicia, la forma, la belleza y el ikigai están estrechamente entrelazados. Aprendí que expresar la belleza en la forma, en la armonía de las propias acciones, pensamientos y emociones es la forma de poder sentir el ikigai, el propio *daimon*. Todo lo que no es bello no está en armonía con las leyes universales, crea un estado de confusión y perturbación en el que no es posible escuchar la voz del *daimon*, del espíritu del ikigai.

El budismo esotérico tántrico es un camino estético en el que se medita bajo formas llamadas *mandala* y *yantra*, cuya perfección es incorporada por quien medita a través de la contemplación. La identificación de quien medita con las formas en las que se concentra conduce al éxtasis, un estado de no dualidad, de unión entre lo humano y lo divino que representa el logro de la cuarta etapa de la transformación alquímica, también llamada *satori* o *samadhi*.

En el camino del ikigai es importante meditar sobre los diez principios de la estética japonesa, que obviamente están muy influenciados por el budismo esotérico y el sintoísmo.

A continuación, sugiero diez meditaciones inspiradas en los diez principios de la estética japonesa. Cada una de estas meditaciones requiere un tiempo que varía de unos pocos segundos a un minuto. Puedes llevarlas a cabo en diversos momentos del día. Su simplicidad y brevedad son tales que te permiten aplicarlas en varios contextos. Los beneficios que obtendrás de ellas serán enormes.

He definido esta forma de meditar como OMI, *One Minute Immersion*. Es un método para aumentar la conciencia global y vivir una vida cada vez más inspirada. También hablo de ello en mis otros libros, como, por ejemplo, en el libro sobre el *Shinrin-Yoku*, el ritual japonés de inmersión en los bosques.[1] También en este libro enumero los diez principios de la estética japonesa al asociarlos con meditaciones poderosas para hacer mientras quien medita se sumerge en la naturaleza. Sin embargo, las meditaciones que enumero a continuación están destinadas a armonizar la vida diaria con el propio ikigai para disolver los miedos e inseguridades y para fortalecer la conciencia.

---

1. Selene Calloni Williams, Noburu Okuda Dō, *Shinrin-Yoku l'immersione nei boschi*, Studio Tesi, Roma, 2018.

Mono no aware

En la estética japonesa indica el principio de impermanencia, también afirmado en la doctrina budista. Está representado por las flores de cerezo que caen del árbol unos días después de la floración.

Todo en la naturaleza es evanescente, todo en la naturaleza se desvanece para convertirse en otra cosa, para crear más allá de sí mismo. Esta característica de la naturaleza se refiere a su carácter sagrado. El *sacrum facere*, de hecho, es la capacidad inherente a todas las formas de la naturaleza de darse. Darse implica amor, por lo tanto, podemos decir que la belleza en la naturaleza es la manifestación de lo sagrado y del amor, y se ejerce por medio de la evanescencia. Si una flor fuera imperecedera, no sería más bella, sería un objeto inmóvil, siempre igual a sí misma. La impermanencia es una cualidad fundamental de la belleza.

Parafraseando a Heráclito, podemos decir que un hombre no puede bañarse dos veces en el mismo río, porque un instante después el río ya se ha dado, ya se ha desvanecido, y otro río está en su lugar.

En el budismo esotérico se dice que todas las cosas son como un rayo: aparecen, se desvanecen y reaparecen, pero ya no son las mismas.

Aquello que crea la ilusión de la continuidad de algo es el sentido del *yo*, que es completamente humano.

El *yo* es un principio de conciencia que el hombre construye separando la vida de la muerte, lo visible de lo invisible, y colocando el bien a un lado y el mal a otro. Después de esta división, hay un profundo miedo a la muerte y a lo invisible. El miedo actúa sobre el hombre obligándolo a eliminar el objeto de su miedo de la esfera de la conciencia. Así, la muerte, que en realidad es simultánea a la vida, se elimina de la conciencia y se percibe como un evento que ocurre al final de la vida. Lo visible y lo invisible también se separan hasta el punto de que el hombre pierde la conciencia del alma del mundo y el espíritu de cada ser. De esta manera, el individuo pierde la conciencia de la desaparición eterna de las cosas. Es ciego, insensible a los momentos en que las cosas desaparecen, y percibe sólo los momentos en que aparecen las cosas, después de lo cual une todos los momentos de manifestación y crea la sensación ilusoria de la permanencia de las cosas. Es como si frente a la imagen de un cielo desgarrado por el rayo de una tormenta, el observador eliminara de su conciencia todas las pausas entre un destello y el siguiente para crear la impresión de una luz continua sin siquiera darse cuenta; el proceso, en realidad, no es voluntario, sino inconsciente, dictado por un tremendo miedo a la oscuridad que cierra los sentidos y evita que el observador perciba la oscuridad entre los destellos.

Superar el miedo inconsciente, redescubrir la relación con lo invisible, reunir los dos mundos, visible e invisible, separados de la inconsciencia, y reconquistar una capacidad integral de los sentidos y de la conciencia es fundamental para superar todos los pequeños y grandes miedos e inseguridades que te mantienen alejado de tu ikigai.

Para este propósito puedes realizar la siguiente meditación.

OMI con *MONO NO AWARE*

Siéntate cómodamente en un lugar tranquilo y adopta una postura que exprese un sentido de dignidad (para este propósito es esencial mantener la espalda recta), y presta atención a la respiración.

Haz que la respiración sea más profunda que la espontánea. Imagina tu respiración como una ola del mar que pasa por tu cuerpo. Luego medita de acuerdo con el ritmo que se describe a continuación.

- Respira profundamente tres veces, imagina tres olas poderosas que atraviesan tu cuerpo.
- Contén la respiración con los pulmones llenos, imagina una ola poderosa que no seas tú, sino algo que existe después de ti o más allá de ti.
- Respira profundamente tres veces, imagina tres olas poderosas que atraviesan su cuerpo.
- Contén la respiración con los pulmones vacíos, imagina una ola poderosa que se genera más allá de ti: tú estás completamente ausente.

Llegado a este punto, puedes decidir llevar a cabo otro ciclo o puedes detenerte. Sin embargo, has activado tu conciencia, y si día tras día continúas creando breves momentos de práctica de OMI, tu conciencia crecerá espontáneamente y te llevará por el camino de tu ikigai.

Wabi sabi

Indica belleza como imperfección o imperfección como componente fundamental de la belleza. La perfección es un concepto abstracto. En la naturaleza reina lo imperfecto, lo incompleto, lo asimétrico. Este principio está representado en la estética japonesa por ollas de cerámica rotas y reparadas con oro; demuestran que un objeto roto y reparado es más hermoso que uno nuevo.

OMI con *WABI SABI*
Siéntate con la columna erguida y considera un aspecto imperfecto de tu vida, tu cuerpo o tu formación. Considera que esta imperfección es un espíritu, una presencia invisible pero sensible. Luego, coloca suavemente la mano izquierda sobre la boca y la nariz. Finalmente susurra en el hueco de tu mano: «¡Tengo fe en ti!».

Esta meditación disuelve las inseguridades y te permite ponerte en el camino de tu ikigai en armonía con los ritmos naturales.

Jo ha kyu

Indica el ritmo de la belleza. La belleza es ritmo, armonía. Este marca el momento correcto. Una cosa es hermosa cuando aparece en el momento correcto; todo en la naturaleza sigue el principio del momento correcto. Imagina que estás en un bosque y de repente una mariposa blanca cruza tu campo de visión mientras a tus pies una rana se esconde entre las hojas y escuchas un susurro de hojas. Bueno, esa imagen y ese sonido no son al azar. En realidad, el bosque te conoce y te espera desde el origen del tiempo. Esa escena ha sido creada para ti desde el origen del tiempo. Desde que nació el bosque y a las orugas les crecen las alas para convertirse en mariposas y los peces se han convertido en anfibios y los anfibios en ranas, desde entonces la escena ha estado esperándote para manifestarse; sólo aguardaba el momento correcto.

El momento correcto es ahora, siempre es ahora, es eternamente ahora. Entonces podemos decir que todo sucede ahora, pero que se hace visible en el momento adecuado, cuando lo necesitamos. Por ello, esa mariposa, ese susurro de hojas es un regalo para ti, un mensaje que no se refiere a nada en particular y que tu mente no puede entender, pero que puede abrir tu corazón gracias a la sensación de ser amado.

OMI con *JO HA KYU*

Cuando veas algo hermoso, lleva el hueco de tu mano sobre la nariz y la boca y di esta palabra: «¡Gracias!», consciente de que lo que ves no es accidental, sino que es para ti, sólo para ti.

Si las condiciones son apropiadas, puedes permanecer en meditación con la mano en la cara un minuto entero; de lo contrario, con decir una sola vez la palabra «¡gracias!» será suficiente.

Esta meditación te ayuda a aumentar la conciencia de ser amado. A su vez, este sentimiento te permite brillar y atraer a tu ikigai.

Yugen

Se refiere a la sombra como aquello que subraya y resalta la belleza. *Yugen* traducido de forma literal significa «ligeramente oscuro». La belleza necesita oscuridad para manifestarse. Cuando el sol no está perpendicular al mundo que vemos, todas las cosas son más hermosas porque la luz no directa, que crea sombras, las hace más hermosas.

Permite que el *yugen* te ayude a ponerte en el camino de tu ikigai a través de la siguiente meditación.

OMI con *YUGEN*

- Frótate las palmas juntas y cuando las haya calentado colócalas sobre los párpados cerrados.
- Escucha el paso del calor y de la energía de las manos a los ojos y agradece la oscuridad que percibes. Si las condiciones lo permiten, puedes susurrar la palabra «¡gracias!». De lo contrario, repítela mentalmente.

Esta meditación te permite superar el miedo inconsciente que podría impedirte perseguir tu ikigai.

Myiabi

Indica una dimensión de tranquilidad y de elegancia como componente fundamental de la belleza.

OMI con *MYIABI*

Puedes meditar el *myiabi* en cualquier ocasión cuando estás en compañía de otras personas y se está discutiendo; por ejemplo, durante una reunión de negocios o un almuerzo familiar. Aplica el arte de ser el último en hablar. Éste es un arte extraordinario que requiere mucha calma. Si puedes escuchar a todos los demás antes de hablar, te beneficiarás enormemente porque escuchando a los demás aprenderás cosas que no sabes, porque tendrás más elementos disponibles antes de formular tu opinión, y cuando finalmente abras la boca, todos se mostrarán más cuidadosos y tus palabras tendrán más fuerza. Con el paso de los meses y de los años, percibirás cada vez más claramente cómo este arte te habrá armonizado con tu ikigai, contribuyendo en gran medida a tu realización.

La calma, la espera tranquila y serena, el silencio… son componentes esenciales de la belleza y factores fundamentales para poder escuchar claramente la voz del ikigai.

Iki

Indica frugalidad, sobriedad, moderación y la capacidad de abstenerse como componentes fundamentales de la belleza. El *iki* a menudo está representado por la figura de una mujer japonesa muy delgada.

OMI con *IKI*

Consumir frugalmente es esencial. Compra sólo lo que realmente necesites y deja el resto. Vive rodeado de algunos objetos, producidos con materiales naturales de una manera justa, cosas que conozcas bien y que te sean muy queridas. Sentirás que estos objetos tienen un alma que te protege, y a medida que pasan los días, tu espacio se volverá cada vez más sagrado. Esta meditación te ayuda a vivir una vida más concentrada y a intensificar la lucidez y la claridad de visión.

Shibusa

Indica la simbología fundamental de todas las cosas. Este principio está representado por la ceremonia del té, que en Japón adquiere un fuerte valor simbólico. Vivimos en un mundo simbólico. La palabra «símbolo» se compone de dos raíces: *sin*, que en griego significa «juntamente», y del verbo *ballein*, que significa «tirar». De forma literal, por lo tanto, significa «lanzar conjuntamente» o «reunir». Todo lo que es visible en este mundo debería llevarnos de regreso a algo invisible.

OMI con *SHIBUSA*

Puedes hacer esta meditación en cualquier momento del día si las condiciones son favorables. Inmoviliza tu cuerpo y toma conciencia de su quietud con la mayor intensidad posible. Luego pídele al espíritu de la situación en la que te encuentres que te ayude a percibir más allá de la escena que estás viviendo con tus sentidos ordinarios. Antes de que tu minuto de inmersión consciente haya pasado, trata de sentir la presencia de las energías invisibles detrás de lo que se manifiesta y la inteligencia y el amor que lo guían todo.

Quizá no haya una meditación más útil y poderosa que ésta para conectarse con el propio ikigai, que es la fuerza invisible detrás de nuestro devenir.

Yohaku no bi

Es la ausencia entendida como un componente fundamental de la belleza. Este principio a menudo está representado por lo que el artista decide dejar fuera de su trabajo. La ausencia es el motor de la aspiración. Cuando carecen de luz, los árboles crecen hacia arriba.

OMI con *YOHAKU NO BI*
Déjate siempre el cabello un poco desordenado, tu abrigo un poco abierto, tu gorra un poco torcida, tu plato y tu vaso nunca completamente vacíos. Durante el día, trata de ser consciente de todo lo que te falta, sea pequeño o grande, y experimenta todas tus carencias como una expresión de belleza.

Esta meditación te ayuda a superar la ansiedad de la carencia y a adquirir calma y concentración, componentes fundamentales del encuentro con el ikigai.

Ma

Es el vacío pensado como el principio generador de la belleza. La belleza se imagina en el vacío. El poder está en el vacío.

OMI con *MA*

Puedes hacer esta meditación en cualquier contexto, pero sólo cuando las condiciones sean favorables. Debes abrir los ojos ligeramente y fijarlos en una forma, un objeto animado o inanimado. Intenta «ver» el vacío que rodea al objeto y repítete a ti mismo: «Es el vacío el que da forma a lo que veo». Luego cierra los ojos durante unos segundos, vaciando la mente y pidiendo al poder que está en el vacío que impregne tu mente y todo tu ser. Mantener el vacío mental por un segundo o dos es esencial; para traer algo nuevo primero debes crear espacio. Esta meditación te ayuda a conectarte con una inteligencia mucho más grande que la de tu mente, que ciertamente conoce tu ikigai y puede susurrártelo al oído.

Kire

Indica lo inesperado. La belleza se sorprende, es algo que te hace saltar y te sorprende. Lo que esperas, todo lo que puedas imaginar, nunca es tan hermoso como lo inesperado.

OMI con *KIRE*

Sorpréndete, haz algo al menos una vez al día que tu mente no espere. Ponte un vestido en el que no hayas pensado, di una frase que no tenga nada que ver con el flujo de tus pensamientos, come algo que nunca comas, adopta posiciones convenientes pero inusuales, como, por ejemplo, siéntate con las piernas cruzadas encima de la silla, o dile a tu mente: «¡Ahora quiero que pienses de manera diferente!», y al menos durante un minuto cambia completamente tus imágenes mentales.

Esta meditación atomiza las resistencias que te impiden unirte a tu ikigai.

El mandala de la transformación alquímica

Más adelante, en este mismo apartado, puedes encontrar la imagen de un mandala formado por cuatro círculos concéntricos y un cuadrado en el centro.

Esta figura es para ayudarte a meditar en tu proceso de crecimiento y transformación. Aquí está lo que tienes que hacer.

1. Relájate, dejando que recuerdos agradables fluyan a través de tu espacio mental. La relajación a través de la evocación de recuerdos agradables es un proceso que ayuda a ampliar los límites de la conciencia. La sensación de placer, de hecho, abre los centros de las energías sutiles, los chakras; desactiva los miedos inconscientes que cierran y contraen el cuerpo y la mente; y te permite ver más profundamente. Este hecho dice mucho sobre la importancia de construir buenos recuerdos, pues son uno de los activos más preciados que llevamos con nosotros.
2. Cuando sientas que los recuerdos agradables han comenzado a calentar tu corazón y a relajar tus músculos, órganos y a abrir tu mente, entonces escribe en el mandala.

3. Escribe en el primer círculo más externo, donde se encuentra la palabra «víctima», el nombre de los eventos de los que te has sentido víctima a lo largo de tu vida. Debes usar una sola palabra para describir cada evento; de esta manera será como si llamaras al evento por su nombre.
4. Escribe en el segundo círculo, en correspondencia con la palabra «aprendiz», aquello que has deseado fuertemente en el pasado, tal vez hasta ahora, porque está en línea con los valores familiares, mundanos y sociales, pero no con la voluntad profunda de tu alma. Descubrirás cuántas necesidades inducidas externamente y cuántos objetivos artificiales te has impuesto como resultado del condicionamiento. Utiliza una sola palabra para describir cada necesidad u objetivo a fin de poder nombrarlos por su nombre.
5. Describe en el tercer círculo, donde se encuentra la palabra «vehículo», tu cociente de disponibilidad para ser un vehículo de ideas y pasiones inspiradas para ponerte al servicio de la misión de tu alma, que se expresa a través de un gran ideal no manipulado por el mundo o por la familia, pero del cual la familia y el mundo mismo son instrumentos. Describe tu gran ideal, preferiblemente con una sola palabra.
6. Describe tus miedos y tus inseguridades en el cuarto círculo, en correspondencia con la expresión «no dualidad» y utilizando sólo un nombre para cada uno. Luego expresa tu firme intención de superarlos para alcanzar ese estado de plena realización y de libertad que es la no dualidad. Si puedes describir tus miedos por su nombre, ya los has disuelto casi definitivamente, porque el miedo se supera cuando lo miras a los ojos.

7. En el cuadrado del centro, dibuja un pequeño símbolo, quizá de color. Representa tu ikigai. El ikigai no se puede describir con palabras, porque no es un concepto mental, es un sentimiento fuerte, una pasión profunda, un anhelo de todo el ser; se puede dibujar, cantar, soñar, pero no pensar en términos lógicos. La mente lo conoce sólo en la medida en que se realiza en vida. El símbolo del ikigai (el mío es el dragón) lleva a tu interior tu gran ideal y el antídoto para tus miedos.
8. Por ejemplo, si tu ikigai es un líder para ayudar al mundo a avanzar hacia valores de ecología profunda o recuperar el poder del dinero para ponerlo en manos de la Madre, el símbolo de tu ikigai que dibujes en el centro del cuadrado tendrá que recordarte que el poder del liderazgo y de la riqueza ya están en ti y que debes recordar continuamente que eres un líder y que eres rico. De hecho, la psique crea la realidad sobre la base de la contemplación y la identificación. Si quieres ser rico pero provienes de una familia pobre, será difícil para ti realizar tu ikigai porque tu psique tenderá a repetir automáticamente el modelo de vida y mundo que conoces. Si quieres conquistar el poder del dinero, debes crear la emoción de ser rico y repetirla en ti mismo.
9. Pero todo eso no es suficiente, también debes atribuir al símbolo de tu ikigai que dibujes en el cuadrado en el centro del mandala el significado profundo de los medios y modalidades de tu riqueza.
10. Puedes ganar dinero comprando y vendiendo casas o sentado todo el día frente a un ordenador comprando y vendiendo acciones o divisas. Pero quizá eso sea pesado y desagradable para ti. También debes preguntarte cuán rico puedes hacerte: ¿cuáles son tus parámetros en un

mundo donde la riqueza se mide en cientos de miles de millones?

11. Puedes conquistar el poder del dinero participando en algo que te dé placer y que restablezca la fuerza y la soberanía de la naturaleza. Este mundo pertenece al alma, no a los bancos o al petróleo, y el alma debe ser restituida. Si tu ikigai fuera hacerte rico, entonces debes desarrollar una voluntad y una emoción que correspondan a hacerte rico a través de una misión que tiene un significado profundo. Es decir, debes pensar en recuperar el poder del dinero para ponerlo en manos de la Madre. Sólo de esta manera podrás evitar trabajar para cultivar el sueño de otra persona y asegurarte de que no estás siendo manipulado, drenado, mientras crees que estás ganando dinero.
12. La verdadera libertad financiera es trabajar con creatividad y pasión por tu alma, no por el sistema financiero que se sirve de tu trabajo como una telaraña se sirve de la fuerza que ejerce la mosca para liberarse y encarcelarla cada vez más.
13. Si realmente quieres ser capaz de perseguir grandes sueños, si quieres dejar tu huella, si crees que la felicidad es algo de este mundo y estás decidido a conquistarla, si quieres mostrar amor por tus hijos, por tu cuerpo, por la naturaleza, no debes permitir que tus fuerzas sean desviadas y manipuladas: ¡debes aprender a ganar libremente!
14. Ikigai es hacer exactamente aquello para lo que ha venido el alma, que es aquello que te satisface totalmente, lo que puedes hacer incluso dieciocho horas al día sin «trabajar» en realidad ni un solo momento, porque estás haciendo exacta y precisamente algo por lo que sientes

una pasión extrema, algo en lo que puedes creer con plenitud. El símbolo que coloques en el centro de tu cuadrado debe indicarte todo esto en un nivel emocional profundo.

15. Para poner otro ejemplo, si tu ikigai tiene que ver con realizarte en la vida familiar y estás buscando un compañero o una compañera, debes asociar al símbolo que dibujes en el centro del mandala los valores más altos de la pareja, como el amor incondicional, la sinceridad, la lealtad, la empatía, etc.
16. Cuando hayas terminado de dibujar el mandala, obsérvalo hasta que lo fotografíes con tus ojos.
17. Luego cierra los ojos y contempla el mandala en el espacio detrás de tus párpados cerrados: la pared frontal del cráneo. Sé profundamente consciente de las emociones que genera cada palabra escrita en el círculo, cada elemento del mandala. Sé consciente también de cómo se intensifican tus emociones. Finalmente, concéntrate en exclusiva en el símbolo que has dibujado en el cuadrado, dejando que todo tu ser físico, emocional y mental se vea impregnado por las emociones que has asociado a ese símbolo. Sé consciente de que te convertirás en aquello que representa tu símbolo.
18. El gran secreto de la conquista del ikigai está en la clara distinción entre ser y tener. Tu símbolo debe representar ser rico, no el hecho de tener dinero; amar y ser amado, no tener una pareja o un compañero. Hay personas que son ricas aunque no tengan dinero, son ricas porque valen mucho y, por lo tanto, tienen la capacidad de producir dinero. Si esperas a tener dinero para sentirte rico, nunca lo tendrás. Si esperas tener una pareja para sentirte amado, nunca la tendrás. Debes ser rico y amado ahora,

por lo tanto, debes contemplar todo lo que te hace rico y amado ahora; por ejemplo, tu inteligencia, tu voluntad o perseverancia, tu experiencia o tu juventud, tu ira y tu rebeldía (la ira y la rebeldía son formas de amor y constituyen grandes recursos de la personalidad). En cualquier caso, el momento es ahora, no mañana, porque todo sucede ahora, ¡todo sucede ahora mismo!

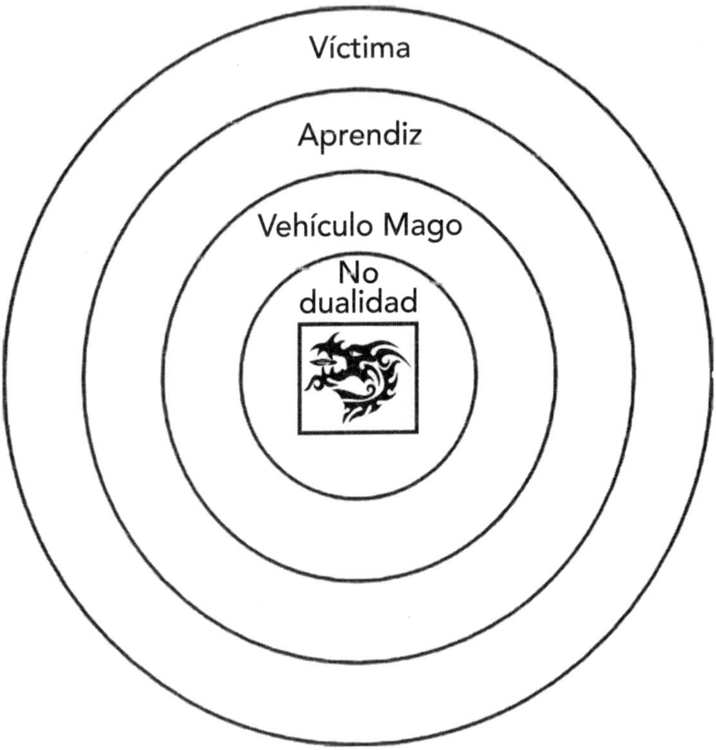

El mandala visionario debe servirte para sentir que eres lo que quieres llegar a ser. Esto es una contradicción para la mente lógica, de hecho, se basa en la sensación de tiempo lineal y de causa y efecto. Pero la psique profunda es atemporal e instantánea: para la psique profunda todo sucede ahora, ahora mismo, y los efectos están contenidos en las causas. Si quieres cambiar lo que la psique proyecta, lo que ella cree, tienes que transformar el momento presente. Cuando tienes la sensación de construir algo paso a paso, en realidad estás adquiriendo conciencia de aquello que ya era tuyo desde siempre. Paso a paso has llegado al doctorado, por ejemplo, pero la verdad es que desde siempre llevas algo dentro que te ha dicho que eres académicamente válido y capaz. Si no llevas dentro de ti la certeza de ser rico o amado, no te harás rico ni serás amado, y si vienes de una familia de condiciones modestas o no has recibido amor, debes, con mucho coraje, tomar conciencia de tu estado y cambiarlo de inmediato. Si esperas a tener dinero para ser rico, si esperas a tener una pareja para ser querido, corres el riesgo de fracasar.

El mandala visionario puede rehacerse seis meses o un año o más tiempo después. Cuando lo hagas de nuevo, descubrirás que las emociones, las palabras y los símbolos serán diferentes, tal vez no todos, pero la mayoría de ellos habrán cambiado. El dibujo del mandala y su contemplación son excelentes herramientas que te permiten expandir la visión de tu potencial y enfocarte cada vez más intensa y precisamente en tu ikigai.

El ikigai es como una hermosa flor que crece más cuanto más la riegas y la expones a la luz solar. La contemplación y la conciencia son fundamentales.

Los antepasados

No sólo los diez principios de la estética japonesa proporcionan ideas para meditaciones efectivas en el camino hacia la revelación y la realización del propio ikigai; los antepasados también pueden considerarse imágenes útiles para este propósito.

Como todos los aspectos de la realidad, nuestros antepasados son, ante todo, imágenes en nuestra mente. Meditar sobre su vida, sus pasiones, sus sueños, sus dones y los eventos que han manifestado es muy importante para comprender nuestra mente y escuchar la voz de nuestro ikigai, que también habla a través de estas imágenes. No se trata de saber lo que sucedió en el pasado, sino de conocer las imágenes de nuestra mente.

Entre los monjes que viven en los monasterios tántricos del monte Koyasan, la voz del espíritu del ikigai que nos guía se considera la suma de todas las voces individuales de nuestros antepasados.

El budismo esotérico y el sintoísmo japonés hacen del culto ancestral una práctica fundamental. Para los japoneses, el sentimiento religioso se expresa muy directamente en el culto a los antepasados. Incluso en las tradiciones espirituales occidentales, el culto a los ancestros ha sido siempre de gran importancia. Honrar al padre y a la madre, como sugiere la tradición religiosa cristiana, debe entenderse en un sentido amplio y profundo, según el cual «padre» y «madre» son los símbolos de toda la genealogía paterna y materna y «honrar» significa «escuchar en el interior de uno mismo con amor, bendición, gratitud, perdón y confianza».

La difusión del materialismo y del racionalismo, a través de la revolución científica primero y luego de la revolución industrial, ha distanciado a Occidente de los cultos ancestrales. Éstos también deben recuperarse para contrarrestar las emociones de ansiedad, miedo e incertidumbre que cada vez aumentan más en el mundo moderno.

Para los japoneses de la isla de Okinawa, encontrar el propio ikigai es una de las principales condiciones para vivir una vida larga y pacífica.

La isla de Okinawa es una de las llamadas «zonas azules», es decir, los lugares del planeta donde la esperanza de vida es más alta que el promedio mundial, donde se vive más tiempo y se encuentran las personas más longevas del mundo. Los académicos Gianni Pes y Michel Poulain fueron los primeros en utilizar este concepto al identificar cinco zonas azules que son, además de la isla japonesa de Okinawa, Cerdeña (en Italia), Loma Linda (en California), la península de Nicoya (en Costa Rica) e Icaria (en Grecia).

Una de estas «zonas azules» es precisamente la isla de Okinawa, considerada una excepción en comparación con el resto de Japón: los habitantes son los más longevos del mundo (muchos centenarios), llevan una vida sana y activa, son alegres. Esta longevidad está vinculada a su fuerza interior. Es una fuerza que genera la sonrisa y ayuda a enfrentar los obstáculos existenciales. Y es esa misma fuerza, esa energía vital, la que determina el grado de longevidad.

Nuestros antepasados son, ante todo, imágenes mentales; un *imago* es un espíritu que puede ser problemático y perturbador, o pacífico y benevolente. Meditar sobre las imágenes de los antepasados también sirve para apaciguar nuestra mente y las «ideas», los espíritus que la habitan, es decir, puede hacer que el comportamiento sea más seguro, la visión más clara, la vida más serena.

A continuación, sugiero algunas meditaciones sobre los antepasados que pueden ayudarte a aprovechar tu ikigai.

1. Pregúntate: «¿Cuál es mi mayor pasión?».
2. Contempla las imágenes de los antepasados y pregúntate: «¿Por qué mi *daimon* ha elegido estas imágenes? ¿Qué tienen que ver con mi misión? ¿Cómo me obstaculizan y cómo me ayudan?». Aunque no encuentres la respuesta de inmediato, sigue haciéndote estas preguntas. Ten en cuenta que también puedes ver los obstáculos como ayudas; al final descubrirás que todos los eventos, todas las imágenes son perfectas, lo que tienes que hacer es liberarte del condicionamiento, ser consciente.
3. Observa las cualidades, talentos, actitudes e inclinaciones de tu madre y de tu padre y percibe cómo y cuánto están presentes en tu vida.
4. Formúlate estas dos preguntas:
   - Si mi madre hubiera podido hacer lo que quisiera, ¿qué habría logrado en su vida?
   - Si mi padre hubiera podido hacer lo que quisiera, ¿qué habría logrado en su vida?
5. Luego concéntrate en tu objetivo más grande y, si puedes, trata de hacerlo aún más elevado. Pregúntate si tu objeti-

vo representa una continuación de los objetivos no alcanzados o sólo parcialmente logrados por tus padres.

6. Contempla las imágenes de tus antepasados: abuelos, bisabuelos, tíos abuelos, tíos, y pregúntate si alguna de esas imágenes tiene las cualidades que necesitas para lograr tu objetivo. Si la respuesta es que sí, concéntrate en esa imagen varias veces al día durante varios días.
7. Pacificación de los antepasados. Si al contemplar e interrogar las imágenes de tus antepasados, descubres que algunos de ellos han sufrido mucho o han cometido acciones de las que avergonzarse, acciones que no están en armonía con la belleza universal, o incluso murieron sin poder lograr lo que deseaban en la vida, debes «pacificar su imagen» de modo que no constituya una perturbación en tu vida ni un obstáculo para la realización de tu objetivo. En las tradiciones espirituales japonesas, como el budismo esotérico y el sintoísmo, se hacen ofrendas a los antepasados: alimentos, agua, incienso, luz de velas…, pero también los méritos que emanan de las prácticas meditativas pueden convertirse en ofrendas para los antepasados. Además, los antepasados son bendecidos y se recitan mantras para ellos.

Dedica a las imágenes perturbadas de tus antepasados las bendiciones y los méritos que emanan de tus meditaciones; perdona, agradece y da amor a tus antepasados.

El mandala de los antepasados

En la página siguiente encontrarás la imagen de un mandala formado por nueve círculos concéntricos y un cuadrado en el centro. Esta figura es para ayudarte a meditar sobre las imágenes de tus antepasados.

1. Escribe el nombre de tu mayor pasión en el primer círculo externo.
2. En el segundo círculo, escribe el nombre de todas las ayudas y el de todas las dificultades en el camino hacia la realización de tu mayor pasión que sientes que provienen de tus antepasados.
3. Describe en el tercer círculo, llamándolos por sus nombres, las cualidades y talentos de tus padres que también están presentes en tu vida.
4. Describe en el cuarto círculo en pocas palabras cómo habría sido la figura de tu madre si hubiera podido tener una varita mágica y cumplir sin esfuerzo todos sus sueños.
5. Describe en el quinto círculo en pocas palabras cómo habría sido la figura de tu padre si hubiera podido tener una varita mágica y cumplir sin esfuerzo todos sus sueños.

6. Especifica tu mayor objetivo en el sexto círculo.
7. En el séptimo círculo, escribe el nombre de un antepasado o familiar (abuelo / abuela, tío / tía, primo / prima o antepasado aún más remoto en el tiempo) que expresara o esté expresando plenamente en su vida las cualidades que necesitas para lograr tu objetivo. Éste es llamado «antepasado de poder».
8. En el octavo círculo, llamándolos por su nombre, convoca a los demonios que habitaron a tus antepasados: sufrimientos, acciones dañinas, límites, miedos, frustraciones, etc.
9. En el noveno círculo, escribe las siguientes palabras: «bendigo», «agradezco», «perdono», «amo», «confío».
10. Dibuja el símbolo de tu ikigai en el cuadrado interior. Como ya se ha dicho, el ikigai no se puede describir con palabras, pero se puede dibujar como un símbolo de emoción profunda.

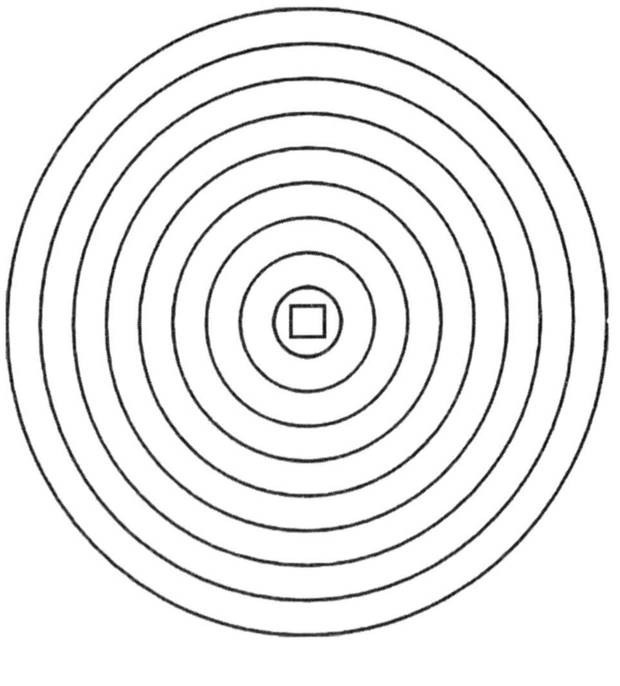

Tu ser multidimensional

Según el budismo, el tiempo es simultáneo, no lineal. El niño, el adolescente, el adulto y el viejo son las posibilidades de tu ser multidimensional, no los efectos de tu devenir en el tiempo: la simultaneidad significa que todo sucede ahora, todo sucede precisamente ahora. El niño, el adolescente, el adulto y el anciano son cuatro imágenes que pueden intensificar la presencia de tu ikigai en tu vida.

Aquí sugiero algunas meditaciones para escuchar la voz de estas imágenes.

1. Contempla tu infancia y pregúntate: «¿Cómo me veía como adulto cuando era niño? ¿Dónde estoy hoy en cuanto a la realización de mis visiones?».
2. Contempla tu adolescencia y pregúntate: «¿Cómo me veía como adulto cuando era un adolescente? ¿Dónde estoy hoy en cuanto a la realización de mis visiones?».
3. Pregúntate: «¿Qué quiero ahora? ¿Qué puedo hacer ahora?».
4. Pregúntate: «¿Qué talentos se necesitan para realizar mis visiones? ¿Qué conocimientos?».

5. Pregúntate: «¿Qué talentos he demostrado en mi infancia y cuánto de esos talentos todavía está vivo en mí o necesita ser recuperado?».
6. Pregúntate: «¿Qué talentos manifesté en mi adolescencia y cuánto de esos talentos todavía está vivo en mí o necesita ser recuperado?».
7. Contempla tu vida e intenta recordar lo que otros han dicho sobre tus habilidades y talentos.
8. Contempla la imagen de ti mismo en tu edad adulta y expresa tu voluntad de ponerte al servicio de lo que realmente necesitan tu familia, las personas que amas y el mundo en el que vives. Pregúntate: «¿Cómo puedo ser útil?».
9. Observa lo que estás haciendo y cómo van las cosas en tu familia, en la vida de las personas que amas y en el mundo que te rodea; luego desarrolla el sentimiento de aquello que debes hacer. Hacer lo que debes representa el tercer estadio de la evolución alquímica, la condición de vehículo.
10. Imagínate como un anciano, contempla tu imagen y pregúntate si has realizado tus visiones y hasta qué punto. Pregúntate a ti mismo como anciano si te arrepientes de algo y, de ser así, de qué.

Tus miedos

Pregúntate: «¿Cuáles son mis miedos y vetos inconscientes impuestos por la familia y las condiciones sociales en las que nací?».

De hecho, todo lo que has escrito en el tercer círculo del mandala de multidimensionalidad, lo que quieres hacer y lo que puedes hacer, puede verse muy influenciado por los temores atávicos que heredaste y el mundo en el que vives. Si estos temores son más fuertes que tu vocación, cambian tu objetivo final.

Por ejemplo, si naciste en una familia para la cual tener un trabajo y una casa, ahorrar y trabajar son valores importantes, incluso si tu ikigai quisiera que fueras un empresario o un artista, será muy difícil vender la casa de familia, renunciar al trabajo fijo e invertir en una actividad emprendedora o artística; será aún más difícil pensar en delegar a otros el trabajo que se debe hacer: siempre te parecerá que tienes que realizar las tareas necesarias tú mismo, y contratar a otros para que tu negocio crezca te resultará muy difícil.

Las tres leyes que rigen el crecimiento financiero, de las cuales ya hemos hablado, son, en realidad, aplicables a todos los campos de la vida: la primera se refiere a tener la necesidad de crecer, la segunda se refiere a la capacidad de crecer y la tercera hace referencia a la capacidad de ser reemplazado y permitir que otros trabajen para ti en tu lugar.

Si naciste en un entorno donde el salario es una necesidad, mientras tu ikigai quiere que seas un artista o un emprendedor, debes desarrollar una necesidad que no conoces, que no has experimentado, y esto no siempre es fácil, ya que se encuentran obstáculos inconscientes, y los primeros son los temores a no lograrlo.

Otro obstáculo importante son las creencias a las que has estado expuesto desde tu nacimiento. A menos que hayas nacido en una tribu animista o provengas de padres iluminados, te adherirás a la creencia de la causa y el efecto. La ley de la causa y el efecto no sirve, en verdad, para permitirte conocer la realidad, sino que es útil para que tus comportamientos tengan lugar dentro de una vía socialmente establecida. Cuando calculas mentalmente «si hago esto, entonces sucede eso», no estás manifestando un poder de conocimiento, sino el resultado de un condicionamiento que la mayoría de las veces te lleva a vivir precisamente lo que la ley de la causa y el efecto había previsto, porque el resultado lo creas tú para confirmar tu razonamiento.

Los eventos son entes, entidades, espíritus: si son forzados a la prisión de la lógica mecanicista, pueden volverse espíritus enojados y sufrientes; no están obligados a seguir la ley de la causa y el efecto, pero pueden ser evocados por nuestras predicciones inconscientes, por nuestros miedos, por nuestras voluntades. En este punto, es necesario ser muy consciente de lo que quieres y dejarlo caer, permaneciendo en una especie de vacío interno en el que el ikigai puede actuar por nosotros en lugar de nuestro cálculo mental y ayudarnos a llevar a cabo nuestra misión más allá de cualquier condicionamiento que se ejerza en nosotros mediante el cálculo mental.

La mente sólo puede calcular sobre la base de lo que sabe, pero la mayoría de las veces, nuestro ikigai está destinado a llevarnos a lo desconocido, lo imponderable, lo inconmensurable, lo incalculable, lo impredecible. Es por eso por lo que los mandalas de creencias y temores que vamos a hacer ahora son importantes.

El mundo es una idea, es lo que pensamos, es una imagen mental que tiene un sistema de autodefensa para mantenerse. Cuando fundé mi primera empresa en Suiza, Anima Mundi S. A., lo hice sin un centavo. En ese momento, se necesitaba un capital de 200.000 francos para fundar una compañía anónima, y yo no los tenía. Entonces encontré socios para poner el dinero y yo aporté los futuros derechos de un libro que acababa de ser publicado. Los accionistas de la sociedad eran todos empleados del Casino Campione d'Italia. El pacto entre nosotros fue que dejarían su trabajo dentro de un par de años para dedicarse a las actividades de nuestra sociedad, pero, víctimas de sus miedos, nadie realmente quería dejar el salario fijo. Así que les pedí que se fueran, porque no habían respetado los acuerdos. Aceptaron diciendo que Anima Mundi pronto iría a la quiebra y que fue un error, una mala inversión. Pude quedarme con sus acciones por muy poco dinero. Dije que Anima Mundi algún día produciría mucho más que el Casino Campione d'Italia, que era el casino más grande de Europa, y que lamentarían la elección realizada. Se rieron.

Quince años después, en 2018, el Casino Campione d'Italia se declaró en quiebra y todos sus empleados se quedaron sin trabajo. Mis antiguos asociados me buscaron e intentaron regresar a Anima Mundi S. A., cosa que no les dio buen resultado debido a mi firme oposición. Tenía que haber quebrado Anima Mundi, una sociedad basada en la enseñanza del yoga, el chamanismo y la organización de viajes culturales a destinos místicos; en cambio, quebró el casino más grande de Europa, algo absolutamente impredecible para todos excepto para mí, porque no razoné con la mente, sino con el corazón.

No hice mi predicción basada en el cálculo mental, sino en el fuego de mi pasión.

El mundo es la proyección de lo que tenemos en nuestro interior. Aunque nos parezca increíble, podemos cambiarlo, darle forma, transformarlo con el favor de los dioses, que son *eidola*, imágenes, nuestras imágenes internas, las imágenes de nuestros sueños más grandes que surgen de nuestras pasiones más auténticas. Cuando haces lo que debes, eres un canal de voluntad que no puede fallar. Alguien, tal vez los gerentes históricos del casino, en el momento de las llamadas «vacas gordas», como se decía en Campione d'Italia, también se enriquecieron mucho antes de la quiebra final, pero ¿pusieron sus vidas, su tiempo, sus energías al servicio de su ikigai? ¿Realmente expresaron su ikigai?

No sólo debes prosperar, debes prosperar trabajando para lo que crees, para un proyecto que viene de tu corazón; sólo de esta manera puedes estar realmente seguro de que estás haciendo lo que debes y de que estás al servicio de tu ikigai. Para hacer esto, uno debe entender a un nivel muy profundo que el mundo es una idea plástica y puede cambiar. El mundo es una imagen que resiste el cambio a través de las creencias más lógicas y racionales de los individuos. Es lógico pensar que el casino más grande de Europa siempre podrá dar un salario a sus empleados, mientras que una empresa recién nacida, que además hace contracultura y, por lo tanto, no tiene ningún tipo de apoyo institucional, está destinada a hacer un gran esfuerzo: es lógico pensarlo, pero no es cierto.

La ley lógica de causa y efecto es sólo un sistema de autodefensa que la imagen del mundo utiliza para resistir en la mente de todos, en el inconsciente colectivo e imponerse como algo real. El mundo es una idea, no tiene sustancia; son las creencias de los individuos las que lo hacen aparecer como una realidad objetiva, pero el mundo es sólo una proyección, una imagen, una ilusión, un espejismo.

No estás aquí para servir al mundo existente, sino para crear tu mundo a través del fuego de tu pasión y de tu amor. Lo imposible es sólo la base para crear nuevas posibilidades. Cuando el mundo en el que vives es tu obra de arte, tu pintura, tu escultura y no tu prisión, entonces estás siguiendo tu ikigai.

No ser una víctima del mundo, pero entender el mundo como una imagen maleable es el arte de seguir tu propio ikigai. Estar al servicio del triunfo del amor, que es alma y belleza, armonía, verdad y libertad, te permite salir de tu *yo*. Cuando el objetivo final es algo que trasciende tu *yo*, entonces estás siguiendo tu ikigai. No hay errores en ese camino. Si te caes, te levantas, y sólo puedes encontrarte más fuerte que cuando caíste; envejecer es un enriquecimiento; las enfermedades, los inconvenientes y las dolencias son regalos.

Otro mecanismo que utiliza la imagen ilusoria del mundo para resistirse al cambio se expresa en esa vocecita que te dice: «¡Te has equivocado, así que aprende la lección!». Esta vocecita está ahí para hacerte creer que tu alma es más débil que el mundo y que debe cumplir con sus reglas. El alma no tiene nada que aprender, es sólo la mente la que aprende. El ikigai es una cuestión de alma. El alma no se equivoca; si estás siguiendo el cálculo utilitario de tu *yo*, el alma intenta incesantemente hacerte regresar a tu ikigai. En este camino, el alma también hace uso de los fracasos.

Mis antiguos asociados no pudieron regresar a Anima Mundi, pero gracias al fracaso del casino, todos pudieron dedicarse a algo diferente que representa su alma más de lo que el Casino di Campione d'Italia podría hacer. Hace poco tiempo me encontré con ellos y, aunque están desempleados, finalmente los vi tan tranquilos como nunca antes los había visto.

Los proyectos que fracasan son aquellos que no están en armonía con tu ikigai, por lo que no debes tener miedo al fracaso y al cambio. Si fracasas, no te refugies en la mente y en la prudencia del mundo que murmura en tus oídos a través de tu diálogo mental. Más bien, regresa a tu corazón y busca con mayor intensidad el fuego de tu pasión.

Llegado a este punto, debes ser inflexible: compara aquello que quieres hacer con aquello que debes hacer. No te resultará difícil entender que lo que deseas todavía está condicionado por los valores del mundo.

¿Qué tienen en común Okinawa y Cerdeña? Son islas, donde la influencia del mundo llega con menos fuerza.

En Okinawa, el sentido de comunidad es algo muy importante. La comunidad, entendida como una tribu y no como un mundo, te ayuda a pasar de lo que quieres hacer a lo que debes hacer.

Haz las paces con el pasado: no hay eventos negativos. Cuando la vocecita dentro de ti dice: «Te has equivocado, aprende la lección», es el mundo el que habla. El alma no tiene ninguna lección que aprender.

Lo que has hecho sólo podría conducir al fracaso si no pacificas las imágenes del pasado, porque entonces los *daimones* se convierten en demonios.

Tomemos, por ejemplo, el caso de un prometedor estudiante universitario que se deja involucrar por un amigo en el robo de libros viejos, como en la historia contada en la película *American Animals*, del director Bart Layton. Es importante que el chico entienda que robar no es lo correcto, es importante que se sienta arrepentido, desesperado. Esa desesperación se traducirá en fuerza. Sin embargo, también es importante que el chico no juzgue los hechos sintiéndose víctima o desafortunado.

El mandala del éxito

Para tener éxito en algo, es necesario que se creen tres condiciones:

1. Es necesario que haya una fuerte necesidad.
2. Es necesario tener las capacidades.
3. Es necesario involucrar a los demás.

Ahora dibuja el mandala circular con tres círculos concéntricos y un pequeño cuadrado vacío en el centro (como el de la página siguiente). En el cuadrado, describe aquello en lo que quieres tener éxito en esta etapa de tu vida. Ese éxito no será tu ikigai, pero sin duda será un medio para expresarlo.

Por ejemplo, crear un flujo de abundancia económica que te permita sentirte financieramente libre o estar en buena forma física puede ser una herramienta importante para manifestar tu ikigai en este mundo.

En el círculo exterior, describe tu necesidad de éxito.

En el segundo círculo, describe las cualidades que se necesitan para ese tipo de éxito que deseas lograr.

En el tercer círculo, el más interno, describe a la persona o personas que necesitas para lograr el éxito de tu objetivo.

Respira profundamente y recurre a todo lo que has descrito en tu mandala, consciente de que es un principio inteligente con el que puedes comunicarte.

Dialoga con tu objetivo, con aquello en lo que quieres tener éxito, pidiéndole que te sugiera lo que puedes hacer para ayudarlo a ayudarte a ti: «¡Ayúdame a ayudarte a ayudarme!».

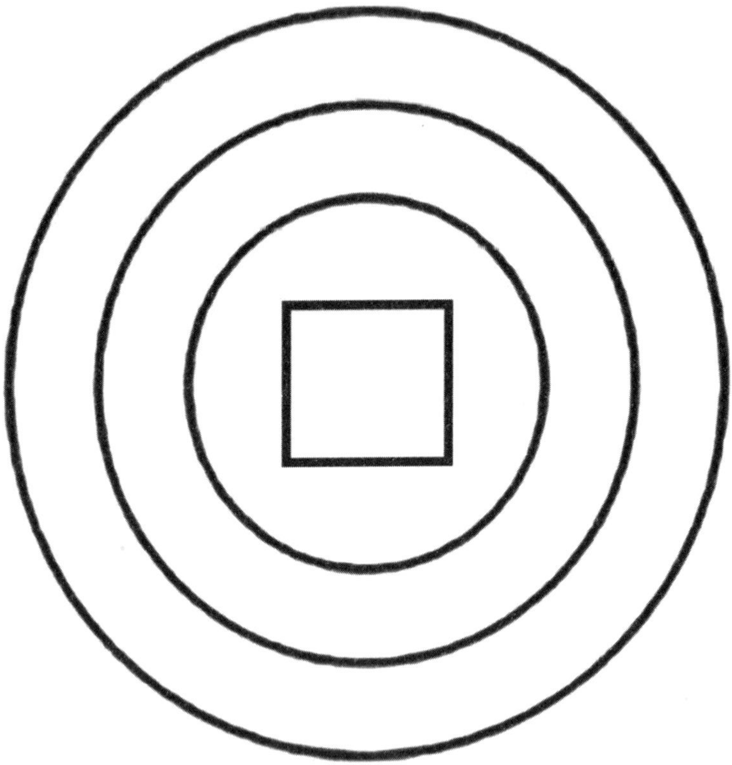

Luego aborda tu necesidad de éxito. Siempre es una reacción a una carencia, a una o más privaciones. Pídele a tu carencia que te ayude a solucionarla y detente a imaginar tu próxima vida bajo una condición de realización absoluta en la que has superando esa carencia o esas carencias.

Dirígete a las capacidades que necesitas como a dioses o a diosas y pídeles que estén a tu lado y te apoyen. No importa si estas capacidades ya son parte de ti; si no lo son, las desarrollarás, pero debes llamarlas por su nombre, evocarlas, porque no son productos de tu mente o de tu cuerpo, sino dioses, diosas cuya atención debes atraer absolutamente. Luego crea la imagen de ti mismo con estas capacidades bien desarrolladas y manifiestas.

Finalmente, habla con la parte invisible de las personas que necesitas para lograr tu objetivo –tanto si ya las conoces como si aún no las has encontrado– e intenta establecer la mejor relación posible con esos espíritus.

Hablar, dialogar con el aspecto invisible de las cosas y las personas, es la manera más clara y efectiva de ser consciente de ti mismo.

El mandala del devenir, el paso de la vida a la muerte

Tu ikigai es visible en todos los momentos, en todas las imágenes, en todos los eventos de tu vida, pero hay situaciones en las que se hace más evidente. Los dos momentos de máxima manifestación son: la transición de la vida a la muerte y la transición de la muerte al renacimiento posterior.

Los mandalas del devenir te permiten explorar estos momentos para establecer un contacto profundo con tu ikigai.

Para dibujar el mandala de la transición de la vida a la muerte, debes crear un círculo grande con un pequeño cuadrado vacío en el centro (como el de la página siguiente). Deja el cuadrado vacío y escribe libremente dentro del círculo todas las emociones, estados de ánimo y pensamientos que pasan por tu mente al imaginar que ha llegado al momento del gran tránsito.

Imagínate muriendo y escribe libremente en el círculo lo que sientes, piensas y experimentas mientras observas tu vida hacia atrás, mientras el hilo se rebobina y aparece todo ante ti. Primero contempla las emociones y los pensamientos que sientes al darte cuenta de que tienes que abandonar tu vida pasada y tu cuerpo de carne y hueso para siempre. Luego concéntrate en el momento presente y toma conciencia de los apegos y miedos que alimentas. Los apegos y los miedos son dos caras de la misma moneda. Según la visión budista, tenemos 1500 apegos, o *upadanas* en lenguaje pali: 500 del cuerpo, 500 de la emoción y 500 de la mente. La imagen de morir, renacer, re-morir, re-nacer, se crea precisamente para ayudarnos a tomar conciencia de nuestros apegos para poder disolverlos y superarlos.

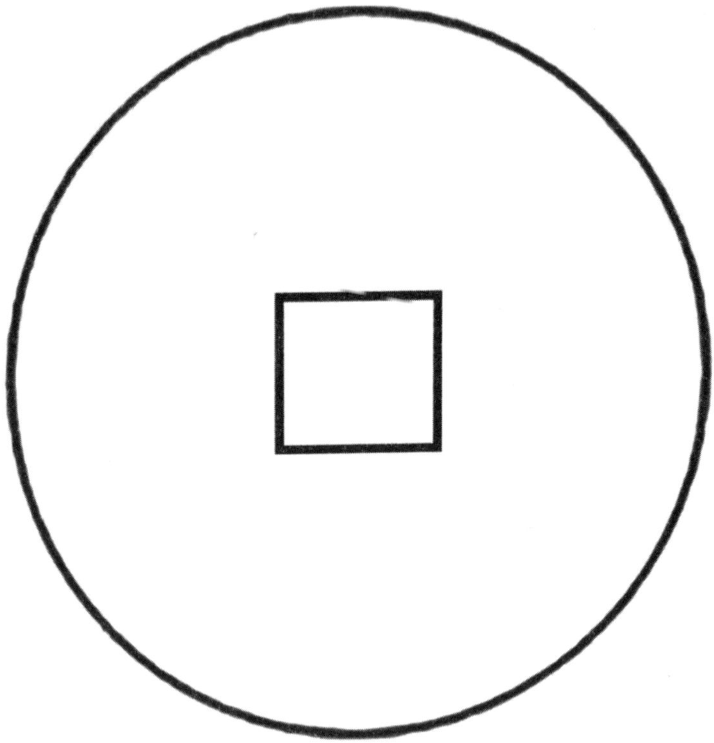

La experiencia del vivo y la del moribundo son, por lo tanto, una gran imagen que tiene el objetivo de llamarnos a la disolución de nuestros apegos. Nuestra mente no puede adoptar esta imagen en su totalidad, la filtra gradualmente, creando la sensación del tiempo. Entonces tenemos la impresión de que la muerte nos sucede en algún momento de la vida. En realidad, todo nos pasa ahora, todo nos pasa ahora mismo. El devenir es inmediato y simultáneo.

¿Qué se entiende por apego? El concepto de *upadana* no sólo se relaciona con la sensación engañosa de poseer, sino también y sobre todo con la sensación engañosa de ser un individuo separado del todo. El sentido del *yo* es ilusorio y temporal, depende de una elección cultural. De hecho, es una opción cultural dedicar el centro de la conciencia a aquello que es definido como *yo*. Esta elección es la base para la interpretación de la realidad de todos los individuos.

Para dar un ejemplo, te pido que imagines una escena en la que una lechuza, tan pronto como llega la noche, se despierta en el bosque y caza un ratón sumergiéndose en la maleza. El individuo que coloca el centro de la conciencia en el *yo*, suponiendo que pueda observar tal escena, la interpretaría de esta manera: la lechuza tenía hambre, ha atacado en el momento preciso y ha cazado al ratón.

Los antiguos habrían tenido una visión diferente; tal vez hubieran explicado la escena de esta manera: la noche ha querido que la lechuza consiguiera atrapar al ratón.

En cambio, un budista diría que la acción comenzó en el karma del ratón.

En resumen, decir que el búho ha atrapado al ratón es una opción cultural. Cuando el individuo no es consciente de esto, intercambia elecciones perceptivas con la realidad y proyecta el sentido del *yo* en todas partes. Este individuo inconsciente se dice a sí mismo: «respiro», «como», «duermo», pero eso es ilusorio, ya que la respiración es un hecho natural colectivo. En realidad, para que un hombre respire, es necesario que todo un bosque absorba el dióxido de carbono que el ser humano ha producido como desperdicio del proceso de respiración y cree el oxígeno que absorberá el organismo.

Entonces, ¿quién es el verdadero sujeto de la respiración? Decir «respiro» es una opción cultural. Cuando comes una manzana, ¿quién es el sujeto de tu acción? Sólo si consideras la manzana como un mero objeto material y tu cuerpo como una máquina y le atribuyes una posibilidad de conciencia únicamente a tu mente, entonces puedes decir: «Me como la manzana». En realidad, la manzana tiene un espíritu y la naturaleza tiene un alma. ¿Quién es el sujeto de esta transformación mágica a través de la cual la manzana se convierte en parte de un cuerpo humano? ¿Es la manzana la que quiere la transformación?, ¿es el hombre el que quiere alimentarse?, ¿es la naturaleza la que quiere evolucionar? Probablemente sea todo eso junto. En cualquier caso, el sujeto nunca es un solo *yo* y el objeto nunca es un *tú*. El *yo* y el *tú* existen sólo en su relación y lo único real es la relación. En esta relación, cada uno de los dos se convierte un poco en el otro, cada uno se entrega a la misión del otro. Este regalo, que es amor, indica que la relación es sagrada, es divina. Estar en la relación es estar en lo divino. Estar en el *yo* es estar en la separación.

El sentido del *yo* que separa al individuo del todo genera miedos y apegos.

Los 1500 apegos mencionados en el budismo son 1500 apegos al sentido del *yo*, al sentimiento ilusorio de estar allí, de existir como individuos distintos y separados del todo.

Estos apegos que surgen del miedo dan vida al dolor y al sufrimiento. El todo, lo divino, el alma del mundo (puedes usar la expresión que más te convenga) nos llama sin cesar a abandonar los apegos y a encontrar la unión, la relación en cada acción y en cada momento de nuestra vida.

Esta llamada se ejerce en las formas de esa gran imagen que llamamos devenir, nacer, vivir, morir, renacer.

Nacer, vivir, morir, renacer es una gran imagen circular, una «rueda», dicen los budistas, a la que llaman «rueda del *samsara*» o «rueda de las ilusiones».

La imagen que se ejerce como una llamada a abandonar el *yo* prevé la muerte no como un fin, sino como una transformación del *yo* en el todo. Este momento enfrentado con la conciencia, sin apegos, produce ese despertar que los budistas llaman *nirvana* y que es la liberación final de las ilusiones producidas por el *yo*. Esta muerte también puede ocurrir en la vida, en cuyo caso –ese concepto se expresa en el budismo Mahayana y en el budismo esotérico– se tiene el *nirvana* en el *samsara*: la liberación en la vida.

Si en el momento de la llamada «muerte», muchos apegos y temores siguen activos, el individuo cae en un estado de inconsciencia que le impide alcanzar la libertad. En este caso, será necesario que la llamada continúe mostrando una nueva imagen de nacimiento.

El renacimiento es una imagen que, como todas, nace en la inseparable relación humano-divina, en la que los dos términos de la relación, hombre y Dios, son distintos, pero no están separados; existen sólo como una relación, una relación sagrada, una entrega incesante del uno al otro, una expresión ilimitada de amor. La imagen de un nuevo nacimiento se genera, por lo tanto, en la relación humano-divina, como una llamada a disolver los apegos y los temores, y está modelada, según la visión budista, por los vientos del karma. Esto último está dado por el conjunto de todos los apegos, por la conciencia y la ignorancia con la que uno vivió y murió en la existencia anterior.

El mandala del devenir, la transición de la muerte al renacimiento

El renacimiento es la manifestación de una nueva vida moldeada por los vientos del karma. Sobre la base de los apegos y temores con los que se ha enfrentado el último tránsito, el karma configura los tonos y formas de la nueva llamada, la nueva vida.

El karma representa la ley de acción y reacción animada por el objetivo de la liberación; no debe confundirse con la naturaleza mecánica de la causa y el efecto en sí misma.

En primer lugar, se manifiestan las imágenes de la madre y del padre; luego, todas las imágenes de la vida hasta la siguiente muerte, el siguiente tránsito.

Repito que todas estas imágenes son en realidad simultáneas, pero la mente, al no poder abarcar la imagen grande en su totalidad, la filtra gradualmente, creando la sensación del tiempo.

Las imágenes de la madre y del padre son portadoras de un mito, una historia con rasgos poéticos, llena de *pathos*, de emoción. Precisamente en esta emoción, en este mito, en esta poesía, se ejerce la llamada a superar los apegos y los miedos. La imagen de la madre y del padre nunca se forma por casualidad;

son precisamente esas imágenes, portadoras de esas emociones y experiencias, las que el feto necesita para disolver sus apegos y superar sus miedos.

Cada karma es diferente del otro; cada madre y padre son diferentes de los demás.

Tras haberse manifestado la imagen de la madre y del padre, el alma consciente o el karma del feto manifiesta la imagen del nacimiento, la de la vida y la de una nueva muerte. En todas estas imágenes, es evidente la llamada a salir del sentido ilusorio del *yo* y superar los miedos y los apegos. En la medida en que el individuo ejerce resistencia a esto, se produce dolor y sufrimiento; en la medida en que, por otro lado, responde afirmativamente a la llamada, disuelve apegos, supera los miedos, conquista una visión clara y lúcida, un conocimiento siempre más amplio y sin defectos.

Para dibujar el mandala del devenir relativo a la transición de la muerte al renacimiento, dibuja un círculo grande con un pequeño cuadrado vacío en el centro. Luego describe en el círculo, con palabras incisivas, lo que se enumera a continuación.

Puedes escribir las palabras donde quieras dentro de tu mandala.

1. Imagina a tu padre en su infancia. Identifícate con él. Vive sus emociones. Describe en el mandala la emoción principal que sientes.
2. Imagina a tu padre en su adolescencia. Identifícate con él. Vive sus emociones. Describe en el mandala la emoción principal que sientes.
3. Imagina a tu padre en su vida adulta y describe la emoción que sientes al identificarte con él.
4. Imagina a tu padre en el momento de tu concepción y vive sus emociones; luego descríbelas.

5. Imagina a tu padre en su vida como hombre después de tu nacimiento, vive sus emociones y descríbelas.
6. Imagina a tu padre como un anciano y vive y describe las emociones de este anciano.
7. Imagina, vive y describe las emociones de tu padre moribundo mientras mira hacia atrás y considera su vida irreversiblemente transcurrida.

Ahora haz la misma meditación basándote en la figura de tu madre.

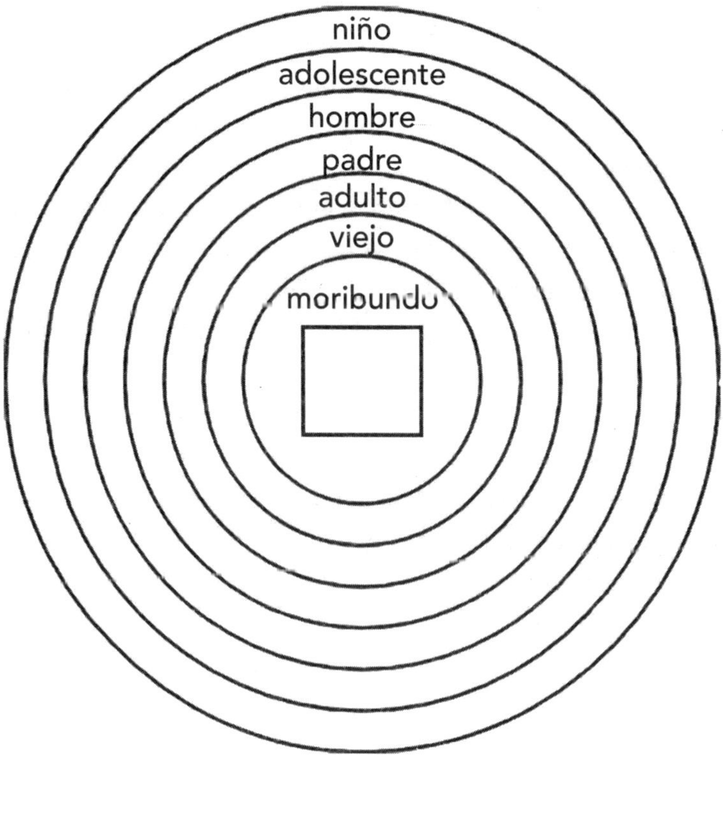

Definiciones para el mandala de la diversidad en femenino:

1. La niña.
2. La adolescente.
3. La mujer.
4. La parturienta.
5. La adulta.
6. La anciana.
7. La moribunda.

Siente que tu padre y tu madre son imágenes que tienen una historia sagrada, un mito que tiene una intensa profundidad emocional. Este mito no es entendible por la mente. Sin embargo, puedes sentirlo en tu corazón, puedes sentir que está allí y amarlo. Simplemente amándolo, lo entiendes y lo elevas.

Esta operación disminuye enormemente tu miedo y te ayuda a superar muchos apegos.

Cuanto más se transforman el miedo y el apego en la capacidad de amar, más puedes vibrar en sintonía con tu ikigai, vivirlo, representarlo y hacer que suceda.

Dado que en los demás la psique siempre proyecta a la madre y al padre, el trabajo que realizas sobre estas dos figuras a través del llamado «mandala del devenir» te ayuda en gran medida a mejorar tus relaciones. Tener buenas relaciones es fundamental para aumentar el coraje, la confianza y la capacidad de amar, que son cualidades esenciales para la realización del propio ikigai.

El mandala del karma

En la visión budista, el karma es la fuerza, a veces denominada «viento», que nos empuja a superar los apegos y los miedos. Nos presenta nuestros apegos y miedos a través de la manifestación de los acontecimientos de nuestra vida. En este sentido, el karma es la fuerza que nos ayuda a lograr y alcanzar nuestro ikigai más que ninguna otra. Para obtener la máxima enseñanza y el máximo empuje de los vientos del karma, podemos realizar el llamado «mandala del karma». Debe realizarse siempre después de los dos mandalas del devenir.

Dibuja el círculo grande con el pequeño cuadrado vacío en el centro y describe con palabras incisivas en el círculo mismo, en los puntos que elijas, los eventos más impresionantes de tu vida. Éstos últimos son conocidos en el budismo con el término *samskara*. Un *samskara* es un evento impresionante tanto si se considera positivo como negativo, por lo que es un evento que está impreso en nuestra memoria y que llevamos dentro de nosotros atado a una gran carga emocional.

En lugar de describirlos con palabras, también puedes dibujar tus *samskaras* por medio de símbolos.

Cuando hayas completado el mandala del karma, contempla y aborda los *samskaras*, los eventos, entendiéndolos como «entres», «entidades», «espíritus», «númenes», «dioses», «diosas», «antepasados». Abórdalos con la siguiente fórmula psíquica: «Ayúdame a percibir y a realizar mi ikigai». Considerar los eventos impresionantes, incluso las dificultades, como aliados en el camino que te lleva a armonizar con tu ikigai es un arte que te ayuda en el camino de la autorrealización.

Aceptar el cambio

Muchas veces, dejar que el ikigai emerja significa aceptar el cambio.

Tan pronto como terminé la universidad, aunque mi título era en Psicología, mi objetivo era ser periodista. Intenté por todos los medios ser periodista sin tener éxito. Mi ikigai me llamó a otra parte, pero no lo escuché. Mi mente había decidido que iba a ser periodista y el hecho de no tener éxito en esa carrera me hizo sentir muy frustrada.

Hoy entiendo que en aquel entonces estaba cultivando esas habilidades de escritura que me ayudarían a escribir mis libros y a cumplir mi verdadero ikigai. Me considero una mística occidental y esto es lo que he sido desde el principio, aunque no lo reconociera. El objeto de mis meditaciones y escritos no era la noticia, sino la vida interior.

Cada uno de nosotros viene al mundo con una misión, que es nuestro ikigai, pero la educación y el condicionamiento social a través del cual pasamos nos empujan a tener en gran consideración las sugerencias que nos llegan desde fuera, en lugar de la voz de nuestro ikigai, que habla desde nuestro interior.

La voz más autorizada, la de Dios, está representada en nuestra tradición occidental como algo que viene del exterior. Sólo piensa en las pinturas de Miguel Ángel en la capilla Sixtina. Dios es una realidad representada fuera del hombre; los dos se tocan, sus dedos casi se encuentran. Dios expulsa a Adán y a Eva del Paraíso, su presencia y su voz son externas al hombre.

Al incorporar esta forma de verlo, nos convencemos de que las voces externas a nosotros tienen un mayor valor que lo que escuchamos en nuestro interior. Entonces resultamos muy influenciados por la familia y los demás. Para encontrarnos con nuestro ikigai, debemos dirigirnos a nuestro interior y escuchar nuestras profundidades, considerando las voces del mundo como un «ruido de fondo».

Amar a Dios en cada imagen de la vida, hasta el punto de llevarlo dentro de nosotros, puede ser la solución ganadora, algo que muchos grandes místicos han adoptado, elevando sus vidas y su mundo.

Obligaciones de amor inconscientes

A veces, antes de permitirnos escuchar nuestra voz interior, escuchamos las solicitudes de aquellos que amamos: de nuestra madre y de nuestro padre, por ejemplo.

A mi madre le hubiera gustado ser periodista y escritora en su vida, pero era maestra. En mi deseo de ser periodista, ciertamente existía la voluntad de llevar a cabo una especie de misión transgeneracional. El hecho es que el arquetipo materno te proporciona herramientas importantes para la realización de tu misión, pero tu ikigai sigue siendo algo que debes descubrir de manera completamente independiente de la influencia de cualquier otra persona. En mi caso, por ejemplo, la figura materna me proporcionó estímulos importantes para la creación de un instrumento para mi misión: la habilidad y la voluntad de escribir, pero cómo tenía que usar este instrumento fue únicamente decisión mía.

El ikigai y el planeta

En el momento de nuestra concepción, los vientos del karma moldearon la imagen de nuestro cuerpo y de nuestra vida. Esta imagen contiene cuatro «imágenes básicas». Las dos primeras son las de la madre y del padre, de las que ya hemos hablado, la tercera es evidentemente la del lugar y la cuarta, la del tiempo.

Nuestro karma nos ha llevado a un momento y a una parte del mundo muy particulares. No hay duda de que diferentes pueblos tienen diferentes imaginarios tradicionales. Nosotros, los llamados «occidentales», tenemos un imaginario tradicional occidental. Un imaginario tradicional es un conjunto de mitos y arquetipos que se han producido a lo largo de numerosas generaciones y que dan forma al pensamiento y al comportamiento de las personas.

Volviendo a la capilla Sixtina, si paseamos por los Museos Vaticanos tenemos la oportunidad de viajar a través de muchos siglos de historia, desde el antiguo Egipto y la antigua Grecia, desde la antigua Roma hasta llegar a De Chirico y el arte contemporáneo, pasando por Giotto, Leonardo, Rafael, Miguel Ángel y los grandes protagonistas del arte renacentista. Desde las representaciones de divinidades con caras de animales como Anubis o Sekhmet, respectivamente el dios chacal y la diosa leona de los antiguos egipcios, y los dioses griegos y romanos, que eran inseparables de su espíritu animal: la tortuga para Hermes, la pantera para Dioniso, etc., llegamos hasta el Dios cristiano que vive en un cielo lejos de la Tierra.

Durante muchas generaciones, los occidentales ya no hemos querido o no hemos podido ver a Dios en las verduras que comemos, en el aire que respiramos, en el agua que bebemos. Cuando un hombre primitivo rezaba: «Hágase tu voluntad», se dirigía a la lluvia, al viento, al lobo, al águila. Desde hace muchas generaciones, nos dirigimos a un Dios que vive en un cielo distante. Luego rompemos el átomo sin pedir permiso, producimos fracturas en la corteza terrestre para extraer gas y líquidos sin pedir permiso y nos armamos con bisturís contra los órganos sin pedir permiso.

Tenemos el resultado ante nuestros ojos: es parte de nuestro karma. Hoy es un aspecto de nuestro ikigai el comprometernos con la protección del planeta y revertir la contaminación del aire, la tierra, el agua, salvar especies vivas en peligro de extinción y también salvarnos a nosotros mismos y a nuestros descendientes. ¡La llamada es fuerte y urgente!

Vivimos en una era donde todo está a la venta y el mercado gobierna la política. En este estado de cosas, el paradigma materialista es el más popular. El cuerpo humano se considera una máquina y el conocimiento técnico domina la escena política. No tenemos líderes capaces de visiones espirituales; de hecho, la espiritualidad está absolutamente prohibida en política y economía.

Éstas son imágenes deseadas por nuestro karma y en estas imágenes podemos encontrar una gran parte de nuestro ikigai. Una vez más, podemos ayudarnos con el dibujo de un mandala.

El mandala de los lugares y las épocas históricas

Dibuja dos círculos concéntricos grandes y en el centro de ellos un pequeño cuadrado vacío (como el de la página siguiente).

En el círculo más externo, describe con palabras o símbolos incisivos las características principales de tu época actual tal como la ves, y en el círculo más profundo, describe el lugar donde naciste y los lugares donde has vivido hasta el día de hoy.

La realización de un mandala como éste puede llevar varios días porque no todo lo que tienes que describir te vendrá a la mente de inmediato; a veces las cosas llegan gradualmente, por la mañana, al despertar, o mientras estás comiendo o caminando por la naturaleza. Ahora puedes meditar para operar una verdadera magia.

Se trata de la transmutación de los *samskaras*.

Como ya hemos visto, los *samskaras* son las imágenes o características más impresionantes.

Cuando termines tu dibujo, tómate un tiempo para meditar sobre él.

Colócalo frente a ti y siéntate en una postura meditativa con la espalda recta.

Concéntrate en las características negativas de tu mundo que más te afectan en primera persona. Considera una o como máximo tres. Ahora trata de imaginar muy intensamente un mundo en el que reina la característica contraria, el *samskara*, y evoca el espíritu de este *samskara* repitiendo el siguiente mantra: *Orá Tun*.

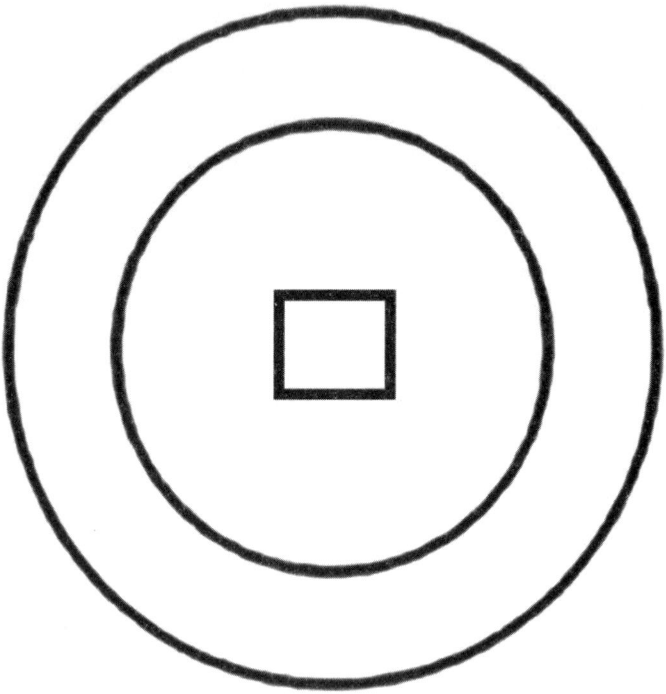

En la tradición del yoga esotérico, el yoga chamánico, esto se llama «mantra del puente». *Orá* representa lo invisible y *Tun* lo visible.

Repite el mantra en sincronía con tu respiración profunda: *Orá* durante la inspiración, *Tun* durante la exhalación.

Cuando repitas el mantra, evoca los *samskaras* que estás imaginando. No los veas como meras condiciones o producto de causas y efectos, como simples eventos, más bien míralos como «entes», «entidades», «espíritus», «dioses», «energías conscientes». Un mantra es un sonido místico que tiene un significado profundo. *Orá Tun* es considerado el puente del mantra, es el mantra que transporta de lo invisible a lo visible.

El mundo está en el ojo del espectador, es una «creación imaginaria». Mediante la práctica repetida de contemplar el mandala de los lugares y las épocas históricas, te sucederán las siguientes cosas:

1. Podrás entender, no con tu mente, sino con tu corazón, por qué tu karma ha diseñado esta era y este mundo para ti.
2. Podrás entender las razones profundas para estar en tu mundo y en tu época.
3. Comprenderás –pero no se trata de una comprensión racional sino emocional– qué es el cambio y cómo es posible.
4. Cambiarás el mundo. No cambiarás «al mundo», pero cambiarás el «mundo» disolviendo tus miedos y resistencias. De hecho, la comprensión profunda que alcanzarás a través de esta meditación y las poderosas fuerzas que evocarás a través de la repetición del mantra serán tales que te permitirán detener los vientos de tu karma y llevar a cabo mutaciones reales dentro y fuera de ti. Recuerda: nada cambia realmente hasta que cambian las condiciones físicas de la existencia. De hecho, lo que llamamos «dimensión física» no es más que una imagen contenida en nuestros ojos. Hasta que seamos testigos de un cambio real de esta imagen, no podemos hablar de un cambio real de la conciencia.

Las siete gemas

Para armonizar la vida con el ikigai es esencial dirigir la atención hacia el interior y no hacia el exterior. Cuando esto sucede, la percepción del mundo se transforma gradualmente y todo se vuelve maravilloso.

Los eventos ya no son producto de causas mecanicistas, las personas ya no son sólo individuos sujetos a los filtros del juicio mental (bellos, feos, buenos, malos, capaces, incapaces).

Aquellos que viven en armonía con su ikigai también experimentan el mundo de una manera excepcional, emocionante, alegre, plena y satisfactoria. Para ayudarte en este proceso, es muy útil recordar los siete tipos de eventos que describo a continuación. Son conocidos como tipologías de antepasados o de eventos, o simplemente como «las siete gemas».

Por ejemplo, cuando una imagen te desafía en la vida o te lleva lejos de casa, reconoces la presencia de tu noble guerrero o de tu incansable nómada. Éstos son espíritus guías, *daimones*, ángeles que puedes visualizar con rasgos masculinos o femeninos y con todos los rasgos y características que tu imaginación te sugiera.

Es bueno tratar de imaginar las siete gemas con todo detalle, porque esto ayuda al proceso de invocación.

1. Los nobles guerreros

Ya en 1999, una de mis estudiantes fue despojada de la herencia de su familia por su hermano. Esto la había sumido en un estado de profunda depresión. Le enseñé a ver el evento como un espíritu y a llamarlo por su nombre: «noble guerrero». Tan pronto como logró hacer esto, comenzó a despertar la fuerza de las profundidades de su alma y comprendió que, en lugar de estar desesperada debido a un karma adverso, la única solución posible era que ella ganara mucho en poco tiempo para poder permitirse una casa nueva mucho más grande y hermosa que la casa familiar que había perdido. Esta energía le permitió participar en su trabajo, que era el de actriz, y logró desempeñar un papel importante en una película que le dio éxito. Este éxito ha crecido con los años y hoy es una de las actrices de teatro mejor pagadas del mundo.

2. Los infatigables nómadas

Durante una sesión de asesoramiento, Luca se quejó de que no tenía un lugar al que pudiera llamar hogar. Vivía en Londres, pero era siciliano y tenía a toda su familia de origen en Catania y una exesposa en Milán, que tenía a su gato y casi todos sus libros en la casa de su hermano en Siracusa.

En resumen, Luca lamentaba no tener un lugar que pudiera sentir como su hogar. Luca era director de documentales y viajaba mucho por trabajo, por lo tanto, apreciaba aún más la idea y la emoción del «regreso a casa» después de sus viajes. Le sugerí que viera en la ausencia de un hogar, no una ausencia, sino una presencia, y que llamara a esta presencia por su nombre: «infatigables nómadas». A partir de ese día, gradualmente, Luca aprendió a dejarse inspirar por sus ángeles, en lugar de quejarse y resistirse. Cuando cayó toda la resistencia y Luca comenzó a vivir su situación como una condición de libertad, encontró una oportunidad extraordinaria que le permitió comprar una hermosa casa donde puso sus libros y donde su compañera también encontró un lugar.

3. Los apasionados guardianes de la riqueza

Cuando Romina se dio cuenta de que recuperar el poder del dinero es un deber para las personas espirituales, aprendió a pedir.

«Cuando pido, cuando exijo lo que se me debe», me dijo un día, «siento que no es para mí, sino que es para mi alma, que tiene una misión, y es para la naturaleza, a la que he prometido comprar un bosque para preservarlo».

En su mayoría, las personas con una disposición altamente introspectiva y espiritual no están interesadas en el dinero, sino sólo en la búsqueda de la verdad, y por esa razón tienen dificultades en su relación con el dinero.

Sin embargo, estas personas deben tener los medios necesarios para prosperar y florecer a fin de poder ayudar a la naturaleza y al alma del mundo.

Romina tenía una peluquería. A pesar de tener una licenciatura en Economía y un máster en Administración de Empresas, no pudo manejar su tienda y acumuló deudas. Cuando vino a su primera sesión conmigo, estaba muy asustada por su situación financiera.

Le sugerí que sintiera a su lado la presencia de sus ancestros guardianes de la riqueza, los llamados «guardianes apasionados de la riqueza». En resumen, entendió que su lugar no estaba detrás de una silla para peinar a los demás, sino detrás de un escritorio para organizar el trabajo de los demás. Hoy Romina tiene doce peluquerías para mujeres y tres centros de belleza. Es emprendedora y gana mucho dinero con el que compra parcelas de bosque cada vez más grandes.

4. Los poderosos guardianes del ideal

Mario había hecho todo lo posible, en vano, para salir de la droga. Después de dos años de comunidad y dieciocho meses lejos de los traficantes de drogas, había regresado y estaba peor que antes. Vino a mí como «último recurso». Al observar su mirada ausente, la de aquellos que no están interesados en este mundo, sentí que teníamos que evocar juntos una presencia importante, la del ideal. Mario no tenía un ideal que pudiera inspirarlo.

El ideal es una imagen y al mismo tiempo un espíritu que te acompañe. Para los antiguos era *eidolon*, que significaba «imagen».

El ideal puede coincidir con el ikigai o ser parte de él. Por ejemplo, Mario era padre de dos hijos maravillosos, pero este hecho no era suficiente para mantenerlo alejado de las drogas. Cuando evocamos a los poderosos guardianes del ideal, Mario se dio cuenta de que tenía artesanos maravillosamente talentosos en su linaje. El abuelo paterno fue arquitecto. Este descubrimiento llevó a Mario, también arquitecto, a comenzar la renovación de una granja familiar. Mario logró encontrar rápidamente su ideal al crear un centro para la práctica de la meditación y el yoga. Cuidar cada detalle de la reestructuración consistía en que él participara en la implementación de un ideal de belleza aplicado al crecimiento espiritual que lo mantuviera alejado de las drogas, y era una parte importante de su ikigai.

5. Los ligeros heraldos de la palabra y la fama

Después de seguir a su esposo a California, Cristina cayó en una depresión. Debido a las diferencias culturales y lingüísticas entre el viejo continente, en el que siempre había vivido, y la mentalidad del lugar a donde se había trasladado, sintió que ya no podía ejercer su profesión.

Cristina era psicoterapeuta, el lenguaje era una herramienta de trabajo fundamental para ella y no creía que supiera inglés tan bien como para poder expresarse adecuadamente con un paciente. En su trabajo, los matices del significado de las palabras marcan la diferencia. Evocamos juntos a los «ligeros heraldos de la palabra y la fama» y Cristina comprendió en seguida que un idioma que conocía poco la ayudaba a expresarse de una manera más simple, y eso era una ventaja en términos de comunicación. Su forma de pensar cambió, se volvió más esencial, y esto le permitió finalmente conseguir completar el proyecto de escribir un libro que tenía en mente desde hacía varios años. Un traductor profesional tradujo el libro al inglés y lo publicó en Estados Unidos con gran éxito. Hoy tiene un estudio en el corazón de Beverly Hills y muchos clientes.

6. Los impecables inspiradores del conocimiento

Se deben evocar siempre que haya que tomar una decisión importante. El cálculo mental en las decisiones no siempre es la guía correcta, porque nos da una visión estrecha de las cosas. Allí donde no podemos llegar a ver con la mente, pueden llegar nuestros «impecables inspiradores del conocimiento»: son espíritus, antepasados y eventos.

Paola tuvo que decidir si aceptaba o no la oportunidad de convertirse en presidenta de una fundación. La mente le decía que no aceptara, pero el corazón la empujaba a aceptar. Tras evocar a los «impecables inspiradores del conocimiento», Paola aceptó, y después de unos meses, descubrió malversaciones e intrigas dentro de la fundación, lo que le provocó mucha ansiedad y un trabajo muy estresante para tratar de poner la situación en orden. Lamentó su elección y se sumergió en una crisis de valores, hasta que un año y medio después, el papel de presidenta de esa fundación le permitió conocer a un hombre que la ayudó a comprender los mecanismos, las finanzas a través de las cuales logró que las cuentas de la fundación volvieran a ser rentables. También ganaba mucho dinero, ya que las cláusulas de su contratación proporcionaban grandes recompensas por lograr ciertos resultados.

No sólo eso, aquel hombre, que se reveló como la encarnación de los «impecables inspiradores del conocimiento», también se ha convertido en su esposo.

7. Los fieles protectores

En realidad, no es necesario que te protejas más que de tu ansiedad mental, pero a veces necesitas sentirte protegido para calmarte, interiorizarte, sentirte bien y unirte a ideas inspiradas. Es muy evidente que nuestras ansiedades producen eventos terribles. Durante más de veinticinco años, con la compañía Anima Mundi he organizado viajes a los lugares más místicos del planeta que llevan a los participantes a contactar con personas que viven fuera del sistema dominante y que pueden proporcionar una perspectiva diferente sobre las cosas, como yoguis, monjes, sadhus, agoris, sufíes, chamanes o ermitaños.

No es infrecuente que los lugares más místicos se encuentren a grandes altitudes, por lo que he estado repetidamente a alturas relevantes sobre el nivel del mar y he acompañado a varias personas. La experiencia me ha enseñado que el llamado «mal de altura» –una condición patológica que puede surgir en las montañas debido a la disminución, dada la altitud, de la presión atmosférica y de la presión parcial del oxígeno atmosférico– con mayor frecuencia atrapa a esas personas que están más ansiosas.

La evocación de los «fieles protectores» reduce la ansiedad en cualquier situación. Después de la evocación, es útil identificar algunas prendas, como bufandas, chales o capas, que pueden constituir el abrazo de los «protectores»: cada vez que utilices estas prendas, recordarás la protección que se te ha otorgado.

Quién está contigo: la evocación de las siete gemas

Después de practicar el diseño y la contemplación de los mandalas, ha llegado el momento de observar el campo de energía en el que estás inmerso y preguntarte quién está contigo.

Las siete gemas son espíritus de antepasados y eventos; son recuerdos grabados no ya dentro de nuestro cuerpo, sino en un campo de energía en el que estamos inmersos. Éste último es definido como un «campo mórfico» por los autores modernos de la psicobiología, como Rupert Sheldrake. En Oriente, la existencia de «campos de información y recuerdos» se conoce desde tiempos inmemoriales; éstos se definen como *akasha*, un término que en sánscrito significa «éter».

La evocación de las siete gemas ocurre a través de la práctica de la meditación de la manera descrita a continuación.

Siéntate en una postura cómoda, capaz de inspirar un sentimiento de nobleza y dignidad, es decir, manteniendo la espalda recta. Puedes sentarte con las piernas cruzadas o sentarte en una silla en la postura del faraón, con los pies en el suelo y las manos apoyadas en los muslos con las palmas hacia arriba.

Observa las sensaciones de tu cuerpo, tus emociones y tus pensamientos con plena conciencia, pero dejando que todo fluya sin identificarte.

Repite mentalmente: «No soy este sentimiento que me atraviesa, no soy esta emoción que me atraviesa, no soy este pensamiento que me atraviesa».

Observa todo como si fueras un espectador de tu propia vida, sin dejarte atrapar por tus sentimientos y sin dejarte secuestrar por tus pensamientos.

Intenta mantener la posición de tu cuerpo inmóvil: esto te ayudará a lograr la calma interior. Si el cuerpo está inmóvil, la conciencia se aquieta mucho más fácilmente.

Después de un tiempo que puede variar de diez a veinte minutos, descubrirás que ha surgido en ti un estado de paz, imperturbabilidad y aumento de la lucidez. Llegado a este punto, puedes invocar a una o más de las siete gemas.

Cuando la mente cede y el cuerpo está inmóvil, ya no estás relacionado con tu conciencia superficial, que es el resultado de una acumulación de impresiones adquiridas a lo largo de los años, sino con una conciencia más amplia, profunda y libre que se une con lo que los sentidos comúnmente no pueden percibir y la mente no puede afirmar, un conocimiento, un recuerdo que supera con creces el espectro de experiencias de las que eres o has sido consciente para abrazar lo que está más allá de la conciencia habitual.

En este estado, el contacto con las siete gemas no sólo es posible, sino que es inmediato. No invoques a las siete gemas simultáneamente, sólo invoca a aquellas que son importantes para ti en la contingencia particular de la vida en la que te encuentras. Sentirás una gran fuerza y poderes particulares provenientes de tus antepasados, del campo mórfico. Estos poderes te ayudarán a sintonizar tu ikigai y actuar en armonía con él.

Las siete gemas son los guardianes del ikigai, sus colaboradores, sus guerreros, sus protectores.

- Cuando sientas que estás desperdiciando tu energía en batallas inútiles de las cuales, sin embargo, no puedes salir, pide ayuda a los «nobles guerreros».
- Cuando sientas que no puedes salir y dejar algo o a alguien, un lugar al que estás apegado, una relación que ya no funciona y en la que te sientes mal, un trabajo que te oprime…, solicita el apoyo de los «nómadas incansables».
- Si necesitas dinero, convoca a los «apasionados guardianes de la riqueza».
- Si te siente deprimido, desmotivado, cansado o eres adicto a un hábito, pide a los «poderosos guardianes del ideal» que te inspiren.
- Si sientes que no eres reconocido y quieres dejar tu huella, debes evocar a los «ligeros heraldos de la palabra y la fama».
- Cuando te parezca que algo ha salido mal en tu vida, trata de ver la situación en estos términos: «Lo que quería lograr era un objetivo demasiado pequeño para mi ikigai, tengo que elevar mi objetivo y ampliar mi visión». Pide ayuda a los «impecables inspiradores del conocimiento».
- Si sientes ansiedad por algo o tienes miedo, debes convocar a los «fieles protectores» y elegir una prenda para simbolizar su presencia.

Energía

Para seguir a tu ikigai, debes tener altos niveles de energía. Aprender a observar tu fuerza, ser inmediatamente consciente de cualquier pérdida de energía es esencial. Para este propósito, debes realizar una verificación de tus energías diarias. Pregúntate todos los días cómo te sientes y trata de ser consciente de tu estado de energía al menos dos veces al día: por la mañana y por la noche. El autoexamen constante es importante para que no pierdas energía inconscientemente y te encuentres con un poder psicofísico tan bajo que te desconecte de forma automática de tu ikigai.

Si sientes que tu nivel de energía ha bajado, debes practicar la OMI, la *One Minute Immersion*, para restaurar tu poder psicofísico. A continuación, dedico un capítulo a esta técnica extraordinaria.

OMI, *One Minute Immersion*

La pérdida de energía es la pérdida de contacto con la dimensión espiritual.

En el mundo moderno, vivimos a bajos niveles de energía sin siquiera ser conscientes de ello, y tan pronto como los niveles bajan aún más, llegando a casi cero, sufrimos, nos sentimos mal, experimentamos emociones como la ira y la frustración que nos empujan a realizar acciones incorrectas y dañinas; eso es malo para la salud y para las relaciones, y se toman decisiones equivocadas sobre el trabajo, el dinero, etc.

Si uno no es claramente consciente y no realiza una verificación diaria de las energías, ni siquiera se da cuenta de que detrás de ciertas acciones hay un bajo nivel de poder psicofísico; uno está tan acostumbrado a vivir en niveles mínimos que consideramos normal una condición de bajo poder psicofísico cuando, por otro lado, uno puede acceder fácilmente a niveles de energía mucho más elevados.

Pero ahora quiero explicar la declaración con la que abrí este capítulo: «La pérdida de energía es la pérdida de contacto con la dimensión espiritual». Vivimos en una relación constante con la dimensión espiritual, que es invisible. ¡La vida es relación!

Desde mi infancia, la dimensión espiritual ha sido mi principal área de interés e investigación. Pasé algún tiempo de mi vida en contacto con místicos de diferentes tradiciones. Experimenté el misticismo cristiano gracias a un extraordinario sacerdote y teólogo de renombre, Raimon Panikkar, y estudié y practiqué el budismo en sus variantes Theravada, Mahayana, Vajraiana y Zen. También profundicé en mi conocimiento de las tradiciones animistas y chamánicas de diferentes pueblos. No existe una tradición mística en el mundo que no considere la vida como una relación continua, un trabajo de equilibrio constante entre lo visible y lo invisible.

Estamos inmersos en un universo de presencias invisibles que algunos llaman «campo de energía» o «campo mórfico» o incluso, con un término sánscrito, *akasha* o «éter». Todos nuestros recuerdos de esta vida y de otras se registran en este campo; nuestras impresiones se generan en este campo.

El campo de energía está poblado por una increíble cantidad de presencias. Cada místico, de acuerdo con la tradición espiritual a la que pertenece, llama a estas presencias con diferentes nombres: ángeles, demonios, espíritus, antepasados, dioses, diosas, genios, duendes, hadas, etc. Nuestra relación con lo invisible, como quiera que lo llamemos, es total.

Nos privan de nuestras energías, si tenemos miedo nos distraen causando accidentes, nos apoyan y protegen, nos engañan o nos inspiran.

Su forma de actuar depende de nuestra forma de actuar. Si tenemos miedo, si tenemos sentimientos de ira o de celos, los espíritus actúan como un espejo y adoptan comportamientos peligrosos para nosotros. Si tenemos sentimientos de compasión y amor, somos amados: ésta es una ley universal e infalible.

El OMI es un método que se puede usar en varias áreas. Yo lo uso en *coaching* y en *imaginal counselling* como herramienta para aumentar la concentración, la memoria, el aprendizaje y los resultados.

Para vivir una vida inspirada, en armonía con el ikigai, el método OMI nos proporciona una técnica de meditación de gran simplicidad y efectividad a través de la cual podemos contactar con la dimensión invisible y cocrear juntos el lado invisible de los eventos, que, en armonía con la tradición sintoísta japonesa, defino aquí como un conjunto de *kami* y *megami*, pero que también podría llamar *anima mundo*, o espíritus, o dioses, o antepasados, o de muchas otras maneras.

Por la mañana

Por la mañana, antes de levantarte de la cama o justo después de hacerlo, realiza la siguiente verificación de tus energías mediante un minuto de inmersión consciente en ti mismo a través de tres meditaciones OMI como se describe a continuación.

Primera inmersión consciente

1. Observa tu vehículo corporal y pregúntate cómo están sus energías. Esto último sobre todo depende de qué y cómo has comido, de cómo has respirado y del movimiento que has hecho el día anterior y cómo has dormido la noche que acaba de pasar.
2. Llama a los espíritus de tus órganos, los espíritus de tus antepasados y los espíritus de la naturaleza susurrando o recitando mentalmente nueve veces el simple y poderoso mantra sintoísta: *A-MA-TE-RA-SU-O-O-MI-KA-MI.*
3. Piensa en acciones compasivas que podrás llevar a cabo durante el día que tienes por delante, como alimentar a

animales callejeros, o ayudar a algún amigo o persona que conoces y que te necesita.

4. Repitiendo el mantra *A-MA-TE-RA-SU-O-O-MI-KA-MI* nueve veces más, haz el llamado «pacto con los espíritus»: pídele a los espíritus, que son el lado invisible de los eventos, que te ayuden en el día que tienes por delante a alimentarte conscientemente de la manera correcta para ti, a respirar con libertad de la manera correcta para ti, a moverte con conciencia de la manera correcta para ti, a fin de intensificar las energías de tu vehículo corporal.
5. Es importante que a lo largo de todo el día, realices las acciones compasivas en las que has pensado durante tu meditación matutina; todo lo demás se hará por sí mismo y se hará para ti.

La inmersión consciente que acabamos de describir es verdaderamente excepcional. De hecho, «nos ayuda» a ver que para alcanzar una meta en la vida es importante centrarse, más que en lo que quieres alcanzar, en lo que se debe dar y en cómo debe darse.

Segunda inmersión consciente

1. Observa cuidadosamente tu vehículo emocional; pregúntate qué emociones hay en tu interior. Toma una resolución firme para dejar de lado las emociones negativas como la ira, los celos y el sentido de inferioridad, y en su lugar, alimenta las emociones positivas como la gratitud, el entusiasmo, la aspiración, la expansión y la confianza. Todo es resultado de la resolución. El ikigai es una resolución que tomaste en el origen del tiempo y de la que no tienes recuerdo, pero que puedes implementar en cada decisión de tu vida, ya que tus decisiones están las unas dentro de las otras y juntas crean tu destino.

2. Pide a los espíritus que evocaste en la primera inmersión consciente, y que todavía te escuchan, que te ayuden a respetar tus resoluciones; a cambio, renueva tu promesa de realizar acciones compasivas durante el día siguiente.

Tercera inmersión consciente

1. Observa cuidadosamente tu vehículo mental. Toma una resolución firme para gobernar tu mente durante todo el día. La mente es el instrumento de la voluntad del alma, un medio para manifestar tu ikigai, pero si no puedes gobernarla, se convierte en un condicionamiento que te obliga a actuar de acuerdo con esquemas predeterminados e indecisos. Gobernar la mente significa poder utilizarla de la misma manera que utilizas las manos: úsala cuando la necesites y déjala en reposo cuando no la necesites. Para este fin, uno debe estar muy relajado. La relajación va de la mano de la confianza. Si puedes confiar en los eventos, entendiéndolos como *kami*, *megami*, espíritus, y no sólo como eventos mecanicistas, entonces puedes pasar el día de una manera más relajada y pacífica. Cuanto más sereno y relajado estés, más podrás gobernar tu mente. Si arrastras arrepentimientos y remordimientos, entonces no puedes estar relajado. La ansiedad te lleva a ser víctima de tu propia mente, que debería ser tu instrumento.
2. Repitiendo el mantra *A-MA-TE-RA-SU-O-O-MI-KA MI* nueve veces más, confía en los eventos del día que tienes por delante, consciente de que reflejarán tu estado de ánimo compasivo, sereno y confiado. No poder gobernar la mente y dejarse arrastrar a sus circuitos condicionados y atormentadores significa gastar mucha energía innecesariamente: es como tener una fuga por la que se pierde mucha fuerza.

A-MA-TE-RA-SU-O-O-MI-KA-MI es un mantra compuesto por una serie de sonidos dotados de fuertes poderes misteriosos; es capaz de afinar tus cualidades físicas, mentales y espirituales y conducirte a otra parte, a un mundo invisible para los ojos comunes pero accesible con el corazón.

En la religión sintoísta, Amaterasu Omikami (literalmente, «gran diosa que brilla en los cielos») es la diosa del sol.

Por la noche

Por la noche, antes de conciliar el sueño, para comprobar tus energías, realiza las simples inmersiones conscientes que se enumeran a continuación.

Primera inmersión consciente

1. Justo antes de acostarte o justo después acostarte en tu cama, respira profundamente y considera tu vehículo físico. Intenta tomar conciencia de su estado: ese estado es una consecuencia de lo que has comido, pensado, vivido, respirado y del movimiento que has realizado.
2. Durante las exhalaciones profundas, imagina que todo lo que has hecho con tu cuerpo y que lo ha agotado energicamente y desalineado con respecto a tu ikigai sale por tus extremidades: por las manos y los pies, y por los genitales y la cabeza.
3. Pídele a los *kami* y *megami* de la noche que continúen este proceso de purificación durante tu sueño. Luego, por la mañana, te levantarás con la sensación de haber descansado y de haberte regenerado perfectamente.

Segunda inmersión consciente

1. Dedica unos instantes a tomar conciencia de las principales emociones que has experimentado durante el día. Si

tienes emociones negativas, debes considerarlas como espíritus perturbadores y negarte a llevarlas contigo en la noche. Sin embargo, no puedes simplemente apartarlas y alejarlas, tienes que transformarlas. Con este objetivo, trata de sentir dónde se encuentran esas emociones negativas en tu cuerpo físico y trata de darles un color, e incluso, si puedes, una apariencia, un aspecto.

2. Repite mentalmente o susurra el mantra *A-MA-TE-RA-SU-O-O-MI-KA-MI* nueve veces y, al dirigir las vibraciones del mantra hacia tus emociones negativas, transfórmalas a través de la vibración pura del mantra.

Tercera inmersión consciente

1. Si tu mente está llena de tensión, el sueño no será capaz de regenerarte y, en lugar de encontrarte lleno de energía por la mañana, te sentirás cansado. Antes de conciliar el sueño, siempre debes transformar las ansiedades mentales resultantes del juicio negativo, la desconfianza y la frustración.
2. Visualiza un mundo debajo de ti y un mundo encima de ti. Al evocarlos, coloca tus arrepentimientos y remordimientos en el mundo inferior y todos los eventos que puedas considerar positivos y gratificantes en el mundo superior.
3. Repitiendo el mantra *A-MA-TE-RA-SU-O-O-MI-KA-MI* nueve veces más, observa cómo los dos mundos se mezclan dentro de ti en una perfecta armonía de acciones y reacciones. De esta manera, siente que los eventos positivos pueden «curar» la tensión producida por los arrepentimientos y los remordimientos, tranquilizándote y disolviendo tu ansiedad.

Un modo de vida ancestral

El ikigai no es un camino psicológico, sino una forma de vida ancestral que no puede separarse de un sentimiento místico capaz de considerar el lado invisible de las cosas y los acontecimientos: el alma del mundo.

Este sentimiento es fundamental, por lo demás, para dedicarse a algo –el propio ikigai– que no puede ser pensado, que no puede ser captado por la mente lógica, sino que sólo puede entenderse en la medida en que se realiza, es decir, se vive. Es un significado oculto que ilumina de poder cada acción, una aspiración íntima del alma que transporta más allá de los límites ordinarios hacia la posibilidad de lograr algo notable capaz de dejar huella, hacia una satisfacción no egoísta y no limitada a las categorías del *yo*.

Hay que dejar que el ikigai suceda. No es algo que se pueda lograr a través de un esfuerzo consciente, sino más bien un premio que viene a ti si sabes acogerlo, liberándote de los condicionamientos impuestos por la familia, la educación y la sociedad.

Para vivir en armonía con el ikigai, es necesario mantener siempre un espacio vacío en el vehículo mental, emocional y corporal para que todas esas ideas, esas emociones y esas acciones en armonía con el ikigai siempre puedan suceder.

Aquí están las reglas de oro que pondrán orden en el cuerpo, en las emociones y en la mente para «hacer espacio».

1. Nunca llenes tu estómago al 100 %. Come sólo cuando tengas hambre y siempre levántate de la mesa con una sensación de saciedad incompleta. Los okinawenses, los habitantes de la isla de Okinawa, a quienes generalmente se asocia el concepto de ikigai, nunca comen hasta que sienten saciados. Una de sus reglas de oro, que se considera uno de los principios más importantes de su longevidad récord, es la llamada regla del 80 %: llenar el estómago sólo el 80 %, dejando siempre un 20 % vacío.
2. Dar preferencia a las verduras, las legumbres y las frutas. El estómago no sólo debe tener siempre un espacio vacío, sino que también debe poder vaciarse rápidamente. Hay alimentos que tardan poco en pasar por el organismo; éstos son precisamente los vegetales, las legumbres y las frutas. Por el contrario, hay alimentos que necesitan una digestión más prolongada, como los productos de origen animal. Los alimentos que permanecen en el cuerpo durante mucho tiempo, experimentando un proceso prolongado de descomposición y digestión, son el motivo de posibles infecciones y enfermedades aún más graves. Los alimentos que el cuerpo puede procesar fácil y rápidamente son más saludables.
3. Intenta consumir tu última comida al menos tres horas antes de acostarte. Dormir con el estómago lleno puede causar, dependiendo de la posición en la que duermas, presión sobre varios órganos y puede disminuir significativamente la duración de la vida.

4. De vez en cuando, durante el día, dedica un minuto de inmersión consciente a crear un vacío y un espacio en el vehículo emocional y mental. Sea lo que sea que estés haciendo, cuando te acuerdes, en el curso de tu jornada, repite al menos nueve veces consecutivas mentalmente o, si las circunstancias lo permiten, susurrando el mantra *A-MA-TE-RA-SU-O-O-MI-KA-MI*, imaginando que las poderosas vibraciones del mantra pulverizan las emociones y los pensamientos en tu interior, disolviéndolos. De esta manera, crea un vacío en tu mente y en tus emociones.
5. Dedica los méritos que emanan de tu práctica meditativa, incluso de la simple repetición del mantra, a todos los seres sensibles, visibles e invisibles, para que puedan elevar su sabiduría, compasión y alegría.

Una forma de vida más allá de la jaula

Una forma de vida ancestral es siempre un modo de vida más allá de la jaula del *yo*, porque cuanto más nos acercamos al instinto, al alma primitiva y salvaje, más nos alejamos de la hipnosis que el sentido del *yo* ejerce sobre nosotros.

Ya hemos visto cómo el sentido del *yo* debe ser un instrumento de amor y cómo termina convirtiéndose en un tirano en la mente humana. El *yo* tiene un sentido y una utilidad real sólo si va asociado al verbo «amar», porque asociado a cualquier otro verbo, como «hacer», «tener», «ser», es un principio ilusorio que trae dolor y sufrimiento.

Este principio, el *yo*, ha sido magníficamente mejorado en el cristianismo por la figura de Jesús, para quien la idea del *yo* es un medio de amar más, de darse más, de una manera totalmente consciente. Retirado del ejemplo original, separado del amor, el *yo* se convierte en una espada de doble filo y es muy peligrosa.

El *yo* es una herramienta evolutiva, pero mientras no puedas usarlo como Jesús, san Francisco o santa Teresa de Ávila, siempre debes recordar vaciarlo de vez en cuando y mantenerlo un poco vacío para que nuestro ikigai pueda penetrar y habitar en nosotros. El ikigai no se refiere al *yo*, lo trasciende. Decir «mi ikigai» no significa identificar un *yo*. Puedo hablar sobre mi corazón, mi estómago o mis pulmones y puedo sentirlos y decir dónde están, pero no puedo decir dónde está mi *yo*; por mucho que lo busque, no lo puedo encontrar, porque el *yo* no existe en la naturaleza. Si nos acercamos a la naturaleza, el instinto, el alma salvaje, el ser primitivo y ancestral, el *yo* desaparece.

Hay dos maneras de deshacerse de un *yo* disfuncional que se ha convertido en un servidor del sistema social, capaz de traducir al individuo en *homo consumens*: la primera es amar mucho y la segunda es vaciarse de todos los contenidos mentales y emocionales que están influenciados por el sentido del bien y del mal común y por toda la programación inconsciente que ejerce mecánicamente su influencia en el cuerpo, la mente y la emoción. Estas dos maneras son como las dos mitades de un círculo y siempre se encuentran, fusionándose entre sí.

Mover el cuerpo

Mover el cuerpo es una práctica importante no sólo para mantener la salud y aspirar a la longevidad, sino también para armonizar con el propio ikigai. Hacer movimientos, especialmente al aire libre, y caminar en la naturaleza es importante para conectarse con el instinto donde la conciencia del ikigai reside de manera firme y constante. Los japoneses de la isla de Okinawa detestan la inmovilidad. Cualquier ocasión es buena para caminar por la playa.

El Dr. Jean Paul Curtayk, miembro de la Academia de Ciencias de Nueva York, autor del libro *Okinawa, un programme global pur mieux vivre*, destaca algunas cualidades de los okinawenses de más de cien años:

- Una dieta baja en calorías y rica en antioxidantes.
- Una propensión a moverse.
- Una percepción muy positiva del mundo y de la vida.

A esto agregaría la capacidad de hacer de la soledad un valor positivo.

La soledad como valor positivo

En nuestra sociedad, especialmente después de cierta edad, la soledad se experimenta con un sentimiento de angustia; éste no es el caso de los okinawenses, a quienes el sintoísmo ayuda a sentir presencias constantes por todas partes. Seguramente todo esto le da a las personas una sensación de compartir y de acompañamiento gracias a lo cual nadie puede sentirse realmente solo. Para aquellos que están inmersos en la presencia de lo invisible, la soledad no significa estar solo.

No hay necesidad de ser o de convertirse en sintoísta para superar la sensación de estar solo, lo que puede acortar significativamente la vida. Un acercamiento a la naturaleza y los propios orígenes puede ayudarnos a percibir nuestra inmersión en lo numinoso.

Darle al materialismo la oportunidad de superarse y disolverse en lo que lo trasciende es un acto de amor. Si amas un árbol, una montaña o a un antepasado, no puedes dejar de comprenderlos en su esencia profunda, espiritual e inmaterial y de sentirlos constantemente cerca de ti, más allá de su mera presencia física.

Sentirte acompañado, envuelto, protegido, te da un carácter positivo que contribuye a la posibilidad de hacer amigos, también humanos: crea el círculo virtuoso del compartir, que se opone a la visión de estar solo.

Estar comprometido

Aunque el ikigai no se puede captar adecuadamente mediante el pensamiento lógico y la conciencia ordinaria, podemos estar seguros de que cuando hacemos algo que nos satisface profundamente y operamos con una sensación de serenidad y placer, estamos llevando a cabo acciones en armonía con nuestro ikigai. Estar comprometido es uno de los sentidos más densos y profundos de la vida humana. Estar comprometido con todo el propio ser con entusiasmo puede alargar considerablemente la vida: la palabra «entusiasmo» tiene dos raíces: *en* y *theos*, y expresa el significado de «estar en Dios».

Ya sea siguiendo a los nietos o enseñando a los más jóvenes a bailar, los okinawenses se mantienen comprometidos e incluso a una edad muy avanzada todavía tienen una razón para existir.

La existencia es una cuestión de significados. Dar significado a algo es traerlo a la existencia; eliminar el significado de algo es eliminarlo de la existencia. Estar comprometido da sentido a la vida y termina siendo un componente de la longevidad.

Superar la mentalidad del consumidor

Tenemos en promedio demasiados objetos inútiles que contaminan nuestro entorno y nuestra mente, creando confusión a nuestro alrededor. Uno de los componentes de la longevidad de los okinawenses está en el estilo de vida inspirado en la simplicidad y la esencialidad.

Como ya hemos visto en la meditación OMI con *Iki*, el quinto principio de la estética japonesa, uno debe aprender a ser esencial. La esencialidad da una sensación de ligereza. Con este objetivo, es bueno abstenerse de comprar artículos que no son necesarios. Sin embargo, en lo que respecta a lo superfluo que ya poseemos, deberíamos eliminarlo de nuestro espacio vital, es decir, de los entornos que frecuentamos durante la mayor parte de nuestro tiempo. Asignar un espacio separado, como un armario o un trastero, a lo que no necesitamos puede ser una manera de iluminar las habitaciones. Si además encontramos una manera de regalar lo superfluo, también podemos hacer feliz a alguien.

Los entornos en los que vivimos son como segundos envoltorios para nosotros que debemos mantener limpios y ordenados. La práctica de la esencialidad es funcional a la calidad de vida y puede alargarla.

Decir «gracias»

La gratitud es un aspecto importante para identificar y alimentar a nuestro ikigai. Saber decir «gracias» no es sólo un acto de cortesía, sino mucho más. Esta simple palabra nos muestra que somos conscientes de la belleza o bondad de un gesto dirigido a nosotros. Decir esta palabra nos permite tejer relaciones fuertes, llenas de respeto y emociones. Expresar gratitud también significa dar valor a la otra persona. También es un signo de apertura, que nos permite salir de la jaula del *yo*. Decir «gracias» ayuda a ver el mundo desde otra perspectiva, ya no fundada en la desconfianza o en la competencia. Sentir gratitud es beneficioso para el corazón y la mente. También es importante dirigir el sentimiento de gratitud hacia uno mismo, pues ayuda a superar los obstáculos y también permite silenciar esa vocecita a menudo hipercrítica que nos dirigimos a nosotros mismos. Para comprender realmente la fuerza de un «gracias», puedes comenzar a llevar un diario en el que escribas cada día o semanalmente todas aquellas situaciones por las cuales puedas sentir gratitud. Por ejemplo, en el diario puedes escribir: «Estoy agradecido por no estar enojado con esa persona»; o «Estoy agradecido de haberle sonreído al desconocido que me devolvió la sonrisa»; o, de nuevo, «Estoy agradecido por poder preparar un almuerzo saludable y sabroso».

La gratitud también se manifiesta hacia las cosas pequeñas, que en verdad no son tan pequeñas. Son precisamente los gestos simples los que crean belleza en la vida cotidiana.

Intentar hacer algo inusual todos los días y vivir muchas vidas en una

Todos los días haz al menos una acción que tu propia mente no espere. Ponte un vestido que nunca habrías pensado ponerte, dile a tu colega una frase que nunca has dicho y que él no espera, cocina algo que nunca has preparado antes, sal a caminar en un momento en el que normalmente no saldrías de casa, etc. Como hemos visto en la meditación OMI con *Kire*, el décimo principio de la estética japonesa, «sorprenderse», es una manera de mantener viva la creatividad. Una vida creativa se mantiene en conexión con el ikigai; la rutina, por otro lado, enquista los miedos y los condicionamientos, apagando la pasión.

Créate también más de una personalidad y, según el contexto en el que te encuentres, adopta una u otra. Por ejemplo, puedes ser una persona elegante y silenciosa o amigable y conversadora: decide según el contexto cómo actuar e identificarte con el personaje que has creado. Esta práctica te ayudará a identificarte desde el sentido del *yo*, ayudándote a ampliar los límites de tu identidad habitual.

Breve vademécum

Mantente activo: continúa alimentando tus pasiones, tus pasatiempos, hazte útil, comparte tus talentos.

Detente y cuídate: estar activo no significa estar abrumado por compromisos personales o profesionales; junto a los momentos de actividad, es importante sacar tiempo para tu propio bienestar mental y físico.

Modera tu consumo de alimentos: no excederse en las comidas es una buena regla general. Los okinawenses adoptan la regla del «vientre de ocho partes», que consiste en dejar de comer cuando el estómago está lleno al 80 %.

Disfruta también de las cosas pequeñas: es importante reconocer la belleza y el valor de la vida todos los días.

Reconecta con la naturaleza: aprender a «desconectarnos» de las muchas herramientas tecnológicas de las que estamos rodeados nos permite encontrar nuestro centro y nuestra armonía con los elementos tierra, agua, aire, fuego.

Conclusión

Nadie puede captar su propio ikigai con la mente, porque el ikigai, aquello por lo que vale la pena vivir, es más grande que las imágenes que la mente puede producir. Sin embargo, estar en sintonía con el propio ikigai es fundamental para que todos puedan aspirar a la completa autorrealización.

En el misticismo japonés, el ikigai es un espíritu, un dios, una diosa que nos ha acompañado desde antes de nuestro nacimiento. Es un todo con la voluntad que nos ha traído a este mundo. Por lo tanto, la búsqueda del ikigai es un camino de crecimiento psicológico y espiritual de gran alcance: mientras se recorre, uno no puede hacer otra cosa que agradecerse continuamente haberlo emprendido.

Índice